Topos plus **Taschenbücher**
Band 616

Martin Tamcke

Achtsamkeit in jedem Atemzug

Einführung in die ostkirchliche Spiritualität

Topos⁺lus Taschenbücher

Topos plus **Verlagsgemeinschaft**

Butzon & Bercker, Kevelaer | Don Bosco, München
Echter, Würzburg | Verlag Katholisches Bibelwerk, Stuttgart
Lahn-Verlag, Kevelaer | Matthias-Grünewald-Verlag, Ostfildern
Paulusverlag, Freiburg Schweiz | Friedrich Pustet, Regensburg
Tyrolia, Innsbruck Wien

Bibliografische Information der Deutschen Nationalbibliothek

Die Deutsche Nationalbibliothek verzeichnet diese Publikation in der
Deutschen Nationalbibliografie; detaillierte bibliografische Daten sind im
Internet über http://dnb.d-nb.de abrufbar.

2007 Verlagsgemeinschaft Topos plus, Kevelaer
Das © und die inhaltliche Verantwortung liegen beim
Lahn-Verlag, Kevelaer
Originalausgabe
Kein Teil des Werkes darf in irgendeiner Form
(durch Fotografie, Mikrofilm oder ein anderes Verfahren)
ohne schriftliche Genehmigung des Verlages
reproduziert, vervielfältigt oder verbreitet werden.

Einband- und Reihengestaltung:
Akut Werbung GmbH, Dortmund
Satz: Schröder Media, Dernbach
Herstellung: Pustet, Regensburg
Printed in Germany

Topos plus – ISBN (13): **978-3-7867-8616-0**

www.toposplus.de

Inhaltsverzeichnis

Einführung 7

1. Ikonen 10

Vom Holz zur Wahrnehmung 10

Malerhandbücher 12

Theologische Begründung und Bilderstreit 18

Frömmigkeit und Theologie 23

Jenseits des Bildes 34

Die Dreifaltigkeitsikone von Rubljow 35

2. Herzensgebet 40

Ein Bauernjunge in Bedrängnis 41

Die Philokalie 43

Die Centurie des Kallistus und Ignatius 45

Exemplarisches aus der Geschichte 47

Der Pilger 52

Theologischer Streit um die Göttlichkeit
des Namens 59

3. Geistliche Begleiter (Starzen) 67

Die Starzen 67

Der geistliche Vater und Wegbegleiter 71

Das Herz erkennen 76

Unterscheidung der Geister 83

Sanftmut 85

Der Schüler	88
Die Zelle	96
Modell und Ideal	99
Das Seelenheil	101
Die Legende vom asketischen Patriarchen	109
Der Weg zum Seelenheil nach Rabban Jausep Hazzaya	115
Nachwort	123

Einführung

Ein geistliches Leben zu führen, fällt vielen Menschen im Westen zunehmend schwer. Die üblichen Formen vom Rosenkranz bis zur Bibelfrömmigkeit sind in eine Krise geraten. Mit Verwunderung schauen deshalb viele Menschen auf die von den orthodoxen Kirchen bestimmten Kulturkreise. Sie entdecken dort, dass Formen religiöser Praxis über die Jahrhunderte erhalten geblieben und heute offenbar für viele Menschen nicht weniger attraktiv sind als in alten Zeiten.

Besonderes Kennzeichen orthodoxer Spiritualität scheint vielen Menschen im Westen die Verwendung der *Ikonen* zu sein. Ob nun in der Kirche die Ikonenwand den Blick in den Altarraum zu verwehren scheint, oder ob in den Privathäusern eine Ikone in der so genannten „roten" Ecke (russ. „krasnij" heißt sowohl „rot" als auch „schön") steht, vor der Tag und Nacht eine Kerze brennt und vor der sich die Hausgemeinschaft zu einem kurzen Gebet sammelt: Die Verwendung von Ikonen scheint die orthodoxen Gläubigen besonders in ihrem alltäglichen Leben auszuzeichnen.

Eine besondere Form des Betens hingegen, die in herausragender Weise seit Jahrhunderten orthodoxe Spiritualität kennzeichnet, wurde nie zu einem festen Bestandteil der Religiosität der Mehrheit der orthodoxen Gläubigen: das so genannte *Herzens- oder Jesusgebet*. Doch gerade diese besondere Gebetsform bildet einen wesentlichen Kern der orthodoxen Spiritualität. Erwachsen mitten aus den Kreisen der Mönche in den Wüsten Ägyptens und Syriens, auf dem Sinai und dem Athos bedeutsam geworden und dann nach Russland hinübergetragen, wurde dieses Gebet das Kennzeichen einer die orthodoxe Spiritualität formenden Bewegung des ausgehenden Mittelalters und erlebte besonders im Russland des 19. Jahrhunderts eine entscheidende Wiedergeburt. Diese für westliche Menschen so befremdliche und fast mechanisch anmutende Gebetsform fand in Russland dann schließlich Eingang in breite Bevölkerungsgruppen, die sich in spiritueller Einung intensiver mit dem Goldgrund göttlichen Daseins verbinden wollten. Die besondere Intensität dieser Gebetsform und ihr religiöser Anspruch führten zu heftigen Auseinandersetzungen mit ihren Kritikern und zuweilen auch mit der Mehrheit in den betroffenen Kirchen. Doch hielt sich das Jesus- oder Herzensgebet bis heute als das Kernelement der bewussteren orthodoxen Spiritualität.

Zu allen Zeiten aber bedurfte es besonderer *Begleitung* derer, die sich auf den Weg machten, um ein geistliches Leben zu führen. Das Urbild solcher Begleitung auf dem Weg war zunächst das der Wüstenväter in der ägyptischen Wüste in Form eines Lehrer-Schüler-Verhältnisses, wie es bis heute von Gültigkeit ist. Bis heute geht es um die gleichen Qualitäten geistlicher Lehre, geistlichen Gesprächs, geistlicher Weggemeinschaft wie damals. Hier zählt nur die Erfahrung. Aus dieser Erfahrung wird gesprochen zu denen, die unerfahrener sind. Selbst wo sich die geistliche Begleitung an Institutionen band, besonders an Klöster, blieb die Funktion der Alten (griech.: Geronten, russ.: Starzen) nicht ein Amt, das erworben werden kann, sondern eine Fähigkeit, die einem zuwächst. Orthodoxe Spiritualität lebt aus dieser geistlichen Begleitung. Hier werden Ansprüche transparent, hier werden Praktiken angeraten oder auch nicht, hier wird die individuelle Gestalt orthodoxer Spiritualität Ziel von Suchen und Fragen, von Erprobung und Wagnis.

Spiritualität sei hier unterschieden von Volksfrömmigkeit, aber auch von der kirchlichen Frömmigkeit. Stärker als Volksfrömmigkeit und kirchliche Frömmigkeit meint Spiritualität einen verhältnismäßig reflektierten Lebensentwurf, während die Volksfrömmigkeit in der Orthodoxie stets eingebettet ist in das lokale oder regionale Brauchtum einer größeren Gemeinschaft von Menschen. Die kirchliche Frömmigkeit hingegen weiß sich an die Institution Kirche und an deren Lebensäußerungen gewiesen, zuallererst an die Liturgie, und lebt aus diesen kirchlichen Impulsen. Dabei gehen die Grenzen der drei Bereiche durchaus ineinander über. Die Werke Iwan Schmeljows (1873–1950), in denen er die russische Volksfrömmigkeit beschreibt, zeugen davon, wie Volksfrömmigkeit auch zum reflektierten Lebensentwurf werden kann, und Nikolai Gogols (1809–1852) Betrachtungen zur Liturgie belegen dies für die kirchliche Frömmigkeit. Während man in eine Gestalt von Frömmigkeit und die dazugehörigen Bräuche hineingeboren wird, gilt es die Spiritualität je neu und durch individuellen Entschluss zu erwerben.

Das Ziel dieses Bandes soll sein, die besonderen Formen orthodoxer Spiritualität verstehen zu helfen und dafür Interesse zu wecken. Die jeweils angehängten kurzen Literaturhinweise wollen leicht zugängliche Literatur für die weitere Beschäftigung benennen.

Wenn darüber hinaus das Verlangen entstehen sollte, selbst Elemente aus dieser Spiritualität in das eigene spirituelle Leben zu integrieren, so bieten dazu Beispieltexte und der eine oder andere praktische Wink konkrete Hilfe, auch ohne dass man sich selbst auf den Weg macht, um etwa auf dem Berg Athos in eine Schule des Gebetes hineinzuwachsen.

1. Ikonen

Einige Verse des Dichters Hermann Claudius (1878–1980) seien vorangestellt. Er hat, wie sein Großvater Matthias Claudius („Der Mond ist aufgegangen"), in offener und eingängiger Form so gedichtet, dass seine Gedichte bis heute z. B. über das Liedgut für viele Menschen lebendig geblieben sind. In bewusster Nähe zu seinem Großvater hat auch der Dichter etwa des Liedes „Im Frühtau zu Berge" seine Frömmigkeit in schlichten Weisen ausgedrückt. Auch für ihn gilt der Satz: wer es nicht schlicht sagen kann, der hat es noch nicht. Die Verse tragen die Überschrift „Beim Abendrot":

„Es steht ein Baum im Abendglühn,
ich schau den glückhaft-holden Schein.
Da geht der Baum in mich hinein,
der ewige Baum, und ich in ihn.

So ineinander stehn wir da:
der Ewig-Baum, mein Ewig-Ich,
erschauernd beide brüderlich
im Wunder, das an uns geschah."

Der Baum und sein Betrachter haben im Gedicht ein ähnliches Verhältnis zueinander wie die Ikone und ihr Betrachter. Nur wer so hindurchschaut durch die äußere Erscheinung auf das Symbolisierte, das Wesen, kann eintreten in das innere Gespräch, und in die innere Wirklichkeit sozusagen hineingehen.

Vom Holz zur Wahrnehmung

Baum ist lebendiges Holz, und Holz ist der Grundstock zur Ikone. Eine Holztafel ist der Bildträger einer jeden echten Ikone. Das Holz muss astfrei, harzfrei und gut getrocknet sein. Im Mittelmeerraum stellte man die Ikonenbretter aus Zypresse, Olive, Sykomore, Platane, Nussbaum, Pappel oder Pinie her. In Russland traten an deren Stelle Linde, Erle, Eiche und Birke. In Nordwestrussland finden sich Holztafeln aus Fichte; in Sibirien aus Lärche. Die Herstellung der Ikonentafeln oblag den Zimmerleuten, die auch die Vertiefung aushoben, die die eigentliche Malfläche darstellt. Diese Vertiefung wird als „Arche" oder „Schrein" bezeichnet. Erst in der fortschreitenden Neuzeit nimmt die Verbreitung flacher Ikonen immer mehr zu.

Doch für uns ist hier nicht der Gegenstand Baum als eines Stückes Natur oder eines Stückes Holz das, was uns interessieren sollte – obwohl das Kreuz ja hier symbolisch hineindeutbar wäre wie auf den berühmten armenischen Grabsteinen, wo aus jedem Kreuz ein Lebensbaum erwächst, oder wo man an den Stab des Christopherus erinnern könnte, der nach der Stromdurchquerung eingepflanzt wird, ausschlägt und zum Baum wird. Uns soll hier nur der Dialog interessieren zwischen dem Schauenden und dem Angeschauten. Der Schauende schaut den Angeschauten nicht als in Raum und Zeit begrenzt, sondern entgrenzt auf dem Boden dessen, was substantiell, was Wesen ist in seinem Woher und Wohin und Wozu: Ewigkeit wohnt beiden inne.

Die im Angeschauten repräsentierte Ewigkeit zieht in den Anschauenden ein, der sich dabei der Ewigkeit seiner eigenen Identität, seines Ichs bewusst wird, ohne diese vom Angeschauten und dessen Ewigkeit dann noch lösen zu können. Die erstandene Gleichheit im Wesensgrund wird empfunden als Wunder, unter dessen Gewärtigung beide einander Brüder werden. Und dieses Wunder ist die Einung des Menschen mit dem über sich und hinter sich Hinausweisenden und dessen Einung mit dem Menschen.

Dabei geht die Wirkung, die das Geschehen in Gang setzt, vom Gegenstand aus, der dem Anschauenden Ewigkeit zu symbolisieren scheint. Aufgrund dessen, was er symbolisiert, geht er in den Betrachter ein und aufgrund dieser vom Menschen ihm unwillkürlich zugestandenen Gleichheit im Bedeuteten auch der Mensch in ihn. Da hören Mensch und Pflanze nicht auf, zu sein, was sie sind, und sind doch nicht mehr, was sie sind, ohne den anderen: dem Menschen wird Ewigkeit durch Anschauung dessen, was ewig scheint, dem ewig Scheinenden wird ein Partner im auf Ewigkeit zielenden Sein des Menschen: Ewig-Baum und Ewig-Ich stehen nicht mehr für sich, sondern ineinander. Ein jeder gibt und nimmt vom anderen. Und was wesensverschieden schien, wird wesensähnlich, wundersam in Empathie gemeinsamer Beheimatung jenseits aller Zeitlichkeit einander brüderlich verwandt durch das, was im Austausch einander geschah und geschieht. Der Mensch geht in das ein, was er anschaut und das, was er anschaut, geht in ihn ein.

Wenn wir uns nach Bild und Bildlosigkeit befragen, dann befragen wir uns nach unserem Umgang mit unserem Wahrnehmen. Es geht nicht um den künstlerischen Wert eines Bildes oder einer Skulptur, es geht nicht um die Machart; so interessant das alles sein mag. Es geht um das Relationale, um Beziehung, um das Innewerden des Gegenübergestellten durch die Wahrnehmung. In der Wahrnehmung aber beginnt bereits Einung sich zu vollziehen.

Malerhandbücher

Für einen ersten Schritt lenken wir nun unseren Blick auf die konkreten Stationen zur Bilderfrage in der Geschichte. Bilder und Bildlosigkeit standen immer wieder in den Religionen dieser Welt in scharfem Kontrast zueinander. Das Bilderverbot des Judentums wirkte fort im Bilderverbot des Islam. Und doch hat besonders der Islam dann die Kunst um die Schrift und in die Schrift so ein- und angelagert, dass diese Kunst derart bildförmig wurde, dass sie in ihrer Schönheit die herbe Botschaft des monotheistischen Islam umrankte und veränderte, und schließlich besonders im Umfeld muslimischer Mystiker das Tor zum Bild wieder öffnete.

Auch das Christentum steht zwischen seiner jüdischen Mutterreligion und seiner muslimischen Tochterreligion in der Tradition des Bilderverbotes. Auch im Christentum wurde es immer wieder zur Norm erhoben, etwa auf der berühmten Synode Karls des Großen in Frankfurt (794), auf der Bilder und Bilderkult verurteilt wurden. Auch im Christentum wogten die Kämpfe zwischen Anhängern und Gegnern der Bilder hin und her, etwa unter dem Angriff der Bilderstürmer der Reformationszeit auf die Bilder in Kirchen und Klöstern. Auch im Christentum gibt es die prinzipielle Verneinung gegenüber dem Bild, wie in der klassischen reformierten Theologie und deren Töchtertheologien in den verschiedensten Kirchen und Bewegungen puritanischer Ausrichtung.

Nähern wir uns diesem Kampf ums Bild nun über eine Zwischenstufe, einigen Bemerkungen zur Ikonenmalerei. Wenn wir heute im Westen von Ikonen sprechen, dann meinen wir zumeist eine besondere Art von Bild aus dem Kontext der orthodoxen Kirchen. Im Selbstverständnis der Griechen aber ist Ikone zunächst nichts anderes als „Bild", wie denn auch das griechische „Eikon" zunächst schlicht „Bild" heißt.

Für den kunstgeschichtlich Interessierten ist es vielleicht von Bedeutung, dass der Ursprung der Ikone im eingegrenzten Sinn im ägyptisch-hellenistischen Mumienporträt zu finden ist. Dies wollte das Angesicht des Verstorbenen mit seinen individuellen Zügen verewigen. Da es aber aus der Erinnerung geschaffen werden musste, dominiert gleichwohl die künstlerische Typik, wie etwa die großen Augen, die noch heute besonders auf den äthiopisch-orthodoxen Ikonen in ähnlicher Weise zu finden sind.

Dieser Zug, den kritische Geister den Schematismus in der Ikonenkunst nennen, ist dann auch ein Charakteristikum der Ikonen geblieben. Sie wollen Leben in seiner Wesentlichkeit zur Sprache bringen. Dabei wollen sie aber nicht nur verewigen wie das Mumienporträt, sondern auch Ewiges aktualisieren und Aktuelles transzendieren. Damit eröffnen Ikonen immer Beziehung, indem sie ansprechen, indem sie symbolisieren, indem sie auf Überzeitliches im Zeitlichen verweisen.

Ein Mönch malt eine Ikone.

Die immer mehr sich herausbildenden Formen der Erstellung von Ikonen, die Variationen der vorgeschriebenen Darstellungsweisen, die Anleitung der Herstellung einer Ikone durch die Malerhandbücher, die je spezifische Bedeutung einer jeden Farbe und Form, die später sich etablierenden Ikonenmalschulen, das alles ist eine uns fremde Welt voller Möglichkeiten, Neues zu entdecken. In Russland wurde übrigens im 16. Jahrhundert auf der so genannten Hundertkapitelsynode die von Andrej Rubljow geschaffene Ikone der Heiligen Dreieinigkeit, die Philoxenia, zur Norm allen Ikonenschaffens erhoben. Und bis heute sind es in erster Linie Mönche, die unter ständigem Gebet, das sie bei der Arbeit begleitet, die Ikonen malen.

Da wundert es nicht, dass etwa auf dem Berg Athos besonders wichtige Malerhandbücher entstanden sind.

Diese enthalten u. a. zahlreiche technische Hinweise und Anleitungen. Ein Beispiel sei die Beschreibung der Herstellung von Bleiweiß im Paragraphen 45 aus dem Malerhandbuch des Malermönchs Dionysios vom Berg Athos:

„Nimm Blei, schneide es in breite Stücke, tue Essig in ein Gefäß, nämlich einen irdenen Topf, und hänge die Bleistücke in den Topf. Schließe diesen Topf fest zu und begrabe ihn in ungegorenem Mist an einem Orte im Hause, wo es warm ist, und lass es da zehn oder fünfzehn Tage. Nimm es dann heraus und schütte es auf Marmor. Wenn du es zerrieben hast, sammele es in ein weites Gefäß, damit es trockne, und so wird es gut."

Die Malerhandbücher aber sind nicht nur wegen der technischen Details und der theologischen Deutung der Farben von Wichtigkeit, sondern auch, weil sie die Ikonenmaler an einen Lebensvollzug binden. Pawel Florenskij (1882–1937), ein von den Sowjets umgebrachter russischer Religionsphilosoph, sagt das in seinem wichtigen Buch zur Ikonenmalerei so:

„Es reicht nicht aus, die Ikonen nachträglich zu überprüfen. Wenn sie wirklich ein anschauliches Zeugnis der Ewigkeit sind, wie kann dann ein solches Zeugnis von einem Menschen stammen, der der Geistigkeit in seinem Wesen fern steht. Das ist der Grund, warum die Kirche fürchtet, dass die Ganzheit des Kultus zerbricht, wenn der Ikonenmaler sich nicht an eine bestimmte Lebens-Ordnung hält. So entstehen die Anforderungen, die an das persönliche Leben des Ikonenmalers gestellt werden."

Dabei folgen alle Ikonenmaler dem alten Grundsatz: „Tu dein Werk nicht einfach so und wie es dir in den Sinn kommt, sondern mit Gottesfurcht und Andacht: denn dein Werk sei gottgefällig."

Als Beispiel für die Anweisungen zur Gestaltung einer Ikone sei hier die Ikone der Allegorie vom Leben des

Mönchs angeführt. Ihre Ausführungen erscheinen uns womöglich überladen von Bedeutungen oder gar Reglementierungen. Aber sie sind ein typisches Dokument für die Fortentwicklung der Ikonentheologie auf der ganz praktischen Ebene des frommen Lebens, das da in seiner Transparenz auf seine intendierte Heiligkeit hin beschrieben wird:

„Zeichne ein Kreuz und an ihm einen Mönch, der eines Mönches Kleid und Kopfbedeckung trägt. Seine Füße sollen auf dem Fußbrett des Kreuzes festgenagelt und Augen und Mund geschlossen sein; und auf das Kopfstück des Kreuzes sollst du schreiben: ‚O Herr Gott, setze eine Wache vor meinen Mund und ein Tor vor meine Lippen.' In seinen Händen hält er brennende Kerzen, und neben den Kerzen stehe geschrieben: ‚Lasset euer Licht leuchten vor den Menschen, auf dass sie eure guten Werke sehen und den Vater, der im Himmel ist, loben.' Auf der Brust sei diese Inschrift: ‚Gib mir ein reines Herz, o Gott, und erneuere einen rechten Geist in mir.' Und auf dem Bauche stehe geschrieben: ‚Lass dich nicht von den Gelüsten des Leibes irreführen, o Mönch.' Und unter den Knien: ‚Schicke dich an, auf dem Pfad der Friedensbotschaft zu wandeln.' Und unter dem Leibe: ‚Ertötet eure Glieder, die auf Erden sind.' Und über der Inschrift am Haupte des Mönches folgendes: ‚Es steht mir nicht zu, mich zu brüsten, es sei denn im Kreuze meines Herrn.' Und auf dem rechten Arm des Kreuzes: ‚Wer bis zum Ende ausharret, der soll gerettet sein.' Und auf dem linken Arm: ‚Wer nicht sich selbst ganz verleugnet, kann nicht der Jünger Christi sein.' Unter dem Fußbrett stehe: ‚Eng und mühsam ist der Weg, der zum Leben führt.' Zeichne auch eine dunkle Höhle auf der rechten Seite des Kreuzes und schreibe darüber: ‚Die Hölle, die alle Dinge verschlingt.' Ein großer Drache, der aus der Höhle herauskommt, trägt in seinem offenen Rachen einen nackten Jüngling, dessen Augen mit einem Kopftuch zugebunden sind. Der Jüngling trägt einen Bogen, mit dem er einen Pfeil auf den Mönch abschießt, und sein Name ist Liebe der Hurerei. Über der Höhle male Schlangen in verschiedenen Farben und Größen, mit der Inschrift: ‚Die Einbildung.' Neben der Hölle male einen Drachen, der mittels einem Seil am Kreuze zieht und sagt: ‚Das Fleisch kann nicht standhalten, denn es ist schwach.' Auf der rechten Seite des Fußbrettes zeichne einen Mast und eine Flagge mit einem Kreuz darauf und den Worten: ‚Ich erdulde alle Dinge durch Christus, der mich stark macht.' Auf der linken Seite des Kreuzes male einen Turm und einen Jüngling, der auf einem Pferde sitzend aus dem Turm herauskommt; auf seinem Haupte sei eine Tiara aus Gold mit Quasten an der Seite, und sein Kleid sei ganz buntfarben mit Gold durchwirkt. In seiner rechten Hand male eine Flasche Wein und in seiner linken Hand ein Rohr mit einem Schwamm an der Spitze und daran hängend die Inschrift: ‚Empfange die süßen Dinge dieser Welt.' Er zeigt dies und die anderen schönen und weltlichen Zierden, die er an sich hat, dem Mönch auf dem Kreuz. Über das Haupt des Jünglings schreibe: ‚Die eitle Welt.' An der Seite des Schimmels, auf dem der Jüngling reitet, male den Tod, wie er aus dem Grabe herauskommt, mit einer großen Sichel in der Hand und einem Stundenglas auf dem Kopfe; er schaut den Mönch an, und seine Inschrift sei: ‚Tod und Grab.' Auf beiden Seiten des Kreuzes stelle je einen Engel mit einer Inschrift. Der zur Rechten spricht: ‚Der Herr hat mich gesandt, um dir zu helfen', der zur Linken spricht: ‚Tu, was gut ist, und fürchte dich nicht.' Male auch Jesus inmitten von Wolken über dem Kreuz und auf seiner Brust ein geöffnetes Evangelienbuch mit den Worten: ‚Wer mir folgen will, der nehme sein Kreuz auf sich und folge mir nach.' Der Herr trägt in seiner Rechten eine königliche Krone und in seiner Linken einen Blütenkranz. Um das Kreuz sind Engel, diesseits und beim Herrn, die blicken den Mönch an und sagen durch die Inschriften, die sie tragen: ‚Kämpfe, auf dass du die Krone der Gerechtigkeit gewinnen mögest, so wird der Herr dir eine Krone von kostbaren Steinen aufsetzen.'

Nun habe ich das Leben des wahren Mönches zu Ende beschrieben."

Was hier bis in Einzelheiten gedeutet und damit Gegenstand theologischer Reflexion in gemalter Form wird, erscheint uns womöglich mehr Rankenwerk als Konzentration auf das Wesentliche, obwohl uns dies der Schreiber des Malerhandbuches sicher bestreiten würde. Gestaltet sich doch in der Ikone das, was er als Lebensentwurf eines heiliggemäßen Lebens praktiziert, auf dem Hintergrund biblischer Botschaft, die ihm zeigt, dass sein Lebensentwurf ein biblischer, ein evangelischer sei. So hat er teil am Kampf der Bewährung des Göttlichen im Widerstreit mit dem, was ihn seiner ewigen Bestimmung verloren gehen ließe. So wird Bild, was Leben ist und was sich nie anhalten ließe, um ein Bild zu werden, weil es immer im Fluss ist, weil die Zeichnung unseres Lebens, die Furchen, die auf unserem Rücken gezogen werden (Psalm 129,3), nie in endgültiger Gestalt auftreten und oft sogar unter dem Gegenteil. Alles, was wahr ist daran, ist sichtbar nur dem, der glaubt und die Richtung und Bewegung sieht auf das Ziel zu, das glaubend eingeholt wird im Leben und doch jenseits des Sichtbaren und uneinholbar bleibt. Die Unsichtbarkeit ist die Heimat des Glaubens. Doch zugleich drängt der Glaube ins Sichtbare, und Christen haben so durchaus Bilder des Göttlichen gemalt.

Theologische Begründung und Bilderstreit

Aus welchem Grund darf der Christ das Göttliche als Bild und Gestalt darstellen? Dies ist die Kernfrage aller Streitigkeiten um das Bild bei den Christen aller Konfessionen und zu allen Zeiten gewesen. Zum Verständnis ist es sinnvoll, kurz auf den byzantinischen Ikonenstreit einzugehen und uns die Argumente der Bildergegner, der Ikonoklasten, vor Augen zu führen. Das ist nicht leicht, weil die später sieghafte Partei der Bilderfreunde, der Ikonodulen, fast alles vernichtet hat, was die großen ikonoklastischen Theologen dachten und schrieben und die ikonoklastischen Synoden erörterten und beschlossen.

Der Haupteinwand der Ikonoklasten führt gleich zur Mitte: Gott ist unbegreifbar, Gott ist nicht darstellbar, Gott hat keine begrenzte Gestalt. Alles, was Menschen sich da schaffen, ist Anthropomorphismus, eine Übertragung menschlicher Gestalt und menschlicher Verhaltensweisen auf nichtmenschliche Dinge, bleibt also in Wahrheit ganz auf der Ebene des Menschlichen und zieht das Göttliche in die Kategorien und Vorstellungen des Menschlichen hinein, ohne das Göttliche wahrhaft das Göttliche sein lassen zu können. Wie können Bild und Gestalt Gott wiedergeben?

Die Ikone ist auf Holz gemalt. Holz ist leblose Materie, und leblose Materie kann nicht Medium des lebendigen Gottes sein. Sie wird ein Fraß der Würmer und unterliegt den Bedingungen der Vergänglichkeit. Ein Bild als Ausdruck des Bildlosen nehmen zu wollen ist Profanierung des Heiligen.

Diese Kritik wurde verstärkt durch die Umwelt. Als der Bilderstreit im 8. Jahrhundert in voller Schärfe ausbrach, da lebten die Juden nach wie vor an der Seite der Christen und mokierten sich über die das Bilderverbot des Alten Testamentes übertretende Tochterreligion. Wussten die Christen nicht mehr um das Gebot? „Du sollst dir kein Bildnis noch irgendein Gleichnis machen, weder von dem, was oben im Himmel, noch von dem, was unten auf Erden, noch von dem, was im Wasser unter der Erde ist", heißt es doch eindeutig in Exodus 20,4. Und zahlreiche andere Stellen im Alten Testament treten hinzu. „Ihr sollt euch keine Götzen machen und euch weder Bild noch Steinmal aufrichten, auch keinen Stein mit Bildwerk setzen in eurem Lande, um davor anzubeten; denn ich bin der Herr, euer Gott" (Levitikus 26,1).

Es befanden sich nun aber auch Vertreter der Enkelreligion im selben Raum. Und seit einem Erlass von Yezid II. im Jahr 721 vertrat der Islam mit einer nie geahnten Strenge in der Welt der Religionen die Bilderlosigkeit als einen besonders charakteristischen Zug ihrer Gestaltung des Monotheismus. Größe und Einzigartigkeit des unsichtbaren Gottes würden durch seine Darstellbarkeit lächerlich gemacht und vermenschelt. In der Konkurrenz zu dieser mit ihrer auch militärischen Sieghaftigkeit das Christentum scheinbar zu einer Religion niederen Ranges degradierenden Auffassung des Islam betonten nun auch christliche Theologen diese Seite ihres Glaubens und griffen dabei neben dem alttestamentlichen Bilderverbot besonders auf Johannes 4,24 zurück: „Gott ist Geist, und die ihn anbeten, die müssen ihn im Geist und in der Wahrheit anbeten."

Auf dem Boden gerade überstandener schwerer dogmatischer Streitigkeiten wurde der Streit um die Ikonen als deren Fortsetzung ausgefochten. Die Theologen hatten sich darüber gestritten, wie man denn von der Gottheit und der Menschheit in Jesus Christus angemessen sprechen könne. Jene Theologen, die besonders die Göttlichkeit Christi betonten, wurden verurteilt und ihre Anhänger schieden aus der Reichskirche aus. Die Repräsentanten der von ihren Gegnern als „monophysitisch" bezeichneten Kirchen sind heute: die Kopten in Ägypten, die Äthiopier, die Armenier, die Syrisch-Orthodoxen, die Indisch-Orthodoxen und die Eriträer. „Kann denn ein Mensch einen Menschen erlösen?", so fragten sie ihre Gegner.

Die Gegner wollten aber auch die Menschheit Jesu Christi ganz ernst genommen wissen. Für sie wohnte Gott gleichsam in der menschlichen Natur Christi. Auch die Vertreter dieser Theologie wurden von der Reichskirche verurteilt und ihre Repräsentanten sind heute die Gläubigen der Apostolischen Assyrischen Kirche des Ostens, deren Tradition die meisten Christen des Irak angehören. Sie wurden fälschlicherweise im Westen über die Jahrhunderte hin „Nestorianer" genannt, nach dem Patriarchen in Konstantinopel im 5. Jahrhundert, der die zwei Naturen in ihrer Vollständigkeit gewahrt wissen und Maria lieber „Christusgebärerin" als „Gottesgebärerin" nennen wollte.

Sieghaft in diesen Auseinandersetzungen waren jene, die auf dem Konzil von Chalkedon (451) festhielten, dass in Christus beide Naturen enthalten seien, aber unvermischt und ungeteilt. Eine nähere Aussage dazu, wie man sich denn nun die beiden Naturen in Christus vorstellen solle, machte man dort nicht mehr. Zu dieser Bekenntnistradition gehören Katholiken, Protestanten und Orthodoxe heute gleichermaßen. Es kann daher nicht verwundern, dass Philipp Melanchthon auf dem Zettel, den er auf dem Tischchen an seinem Sterbebett hinterließ, auch die Hoffnung äußerte, dass er in der himmlischen Akademie verstehen werde, was es mit den beiden Naturen Christi auf sich habe; er war sich also noch dessen bewusst, dass diese Frage mit den Antworten der Konzilien und den kirchlichen Lehrbekenntnissen nicht einfach an ihr Ende gekommen war.

Von den altkirchlichen Lehrentscheidungen aus entwickelte sich das theologische Argument der Bildergegner: Wer Christus male, der begehe auf der Basis dieser altkirchlichen Lehrentscheidungen Ketzerei. Da ja nur die menschliche Natur Christi gemalt werden könne, die göttliche aber undarstellbar bleibe, trennten solche Ikonenmaler die göttliche und die menschliche Natur Christi voneinander. Dies wäre die eine – nur als Ketzerei zu bezeichnende – Möglichkeit. Die andere war auf dem Fundament des Beschlusses von Chalkedon nicht weniger anrüchig: Wenn man nämlich meine, mit der menschlichen auch die göttliche Natur dargestellt zu haben, dann vermische man beide Naturen Christi miteinander.

Wie immer man seine Darstellung Christi auf den Ikonen auch rechtfertige, man geriet unter Häresieverdacht aufgrund der altkirchlichen Lehrentwicklung. Da das Bild dem Abgebildeten wesensgleich sein müsse, könne es eben kein Bild geben, weil das göttliche Wesen in kein Bild einzufangen sei. Das einzig mögliche Bild Christi sei die Eucharistie, das Abendmahl, wo Christus in der Handlung abgebildet sei, nicht aber in einer materiellen Kreation.

Der Bilderstreit wuchs sich zu einem innenpolitischen Problem aus, und aus theologischer Streitigkeit wurde politische Auseinandersetzung. Nachdem der Metropolit Theodor von Ephesus die Anweisung erlassen hatte, die Ikonen aus den kleinasiatischen Kirchen zu entfernen, unterstützte Kaiser Leon III. (717–741) dessen Kurs und verschärfte ihn z. B. durch die Entfernung der berühmten Christusikone vom Bronzetor (Chalké) des Kaiserpalastes 726. 730 wurde Bilderverehrung als Götzendienst verurteilt. Längst stand der Kirche ein Ikonoklast vor. Kaiser Konstantin V. (741–775) selbst war es, der dann in seiner Schrift „Anfragen" den Bilderkult als Götzendienst verurteilte. Urbild und Abbild seien wesenseins. Also müsse auch die göttliche Natur im Bild präsent sein. Das sei aber Blasphemie.

Mit diesen „Anfragen" wurde 754 die bilderfeindliche Synode zu Hiereia eröffnet, die den Bilderkult verwarf und die Bilderherstellung untersagte. Nun ging der Kaiser im Kampf gegen die dem Bilderkult besonders nahestehenden Mönche so weit, dass er Klöster in Kasernen umwandelte und Mönche ins Heer schickte. In der Gegenreaktion kam es nach dem Tod des Kaisers unter der bilderfreundlichen Kaiserin Irene zum Zweiten Konzil von Nicäa 787 (das 7. ökumenische), das die Orthodoxie der Bilderverehrung feststellte. Noch einmal meldeten sich 814–843 die Bilderfeinde dann wieder erfolgreich zu Wort. 815 wurden gegen den Einspruch des berühmten Abtes Theodor von Studion die bilderfeindlichen Beschlüsse erneuert. In dem von Kaiser Theophilos (829–842) zum Patriarchen erhobenen Johannes VII. (837–843) erwuchs den Bilderfeinden ihr bedeutendster theologischer Lehrer. Nach dem Tod des Kaisers aber führte die Kaiserin Theodora erneut in Byzanz die Kirche und den Staat zur Bilderverehrung zurück. Nochmals wurde der Bilderkult auf einer Synode 843 bestätigt. Dieser letzte Sieg der Bilderfreunde wurde im griechisch-orthodoxen Festkalender im Kirchenjahr festgemacht und wird alljährlich als „Fest der Orthodoxie" bis heute begangen.

Damals hatte sich bereits eine intensive Ikonenverehrung entwickelt, die sich dann nach dem Sieg der Bilderfreunde über die Bilderfeinde bis heute fest in der orthodoxen Lebenswelt etablieren konnte.

Frömmigkeit und Theologie

Im Jahr 1004 tauchte einer Legende zufolge aus dem Meer vor dem Berg Athos eine Panagia-Ikone, eine Ikone der Allerheiligsten (Maria), auf. Sie soll von einer Frau in die Fluten geworfen worden sein, die die Ikone vor den Bilderstürmern retten wollte. Einem Mönch des Klosters Iviron erschien darauf im Traum die Mutter Gottes und bat ihn, die Ikone aus dem Meer zu holen. Auf dem Wasser gehend sicherte der Mönch sie. Die Ikone erhielt einen Ehrenplatz mitten in der Kirche, befand sich aber am nächsten Tag merkwürdigerweise am Pfeiler beim Eingang. Auch nach ihrem Rücktransport an ihren Ehrenplatz fand sie sich dann wieder tags darauf an diesem Pfeiler ein. Nachdem sich das ein drittes Mal wiederholt hatte, beließ man sie an dem offensichtlich von ihr gewünschten Platz. In einem Traum des Mönchs, der sie gerettet hatte, versprach sie den zu ihr Betenden Schutz und wurde so zu einer hoch geehrten Wunderikone.

Solche Legenden und Berichte über wundertätige Ikonen entstehen in der orthodoxen Lebenswelt bis auf den heutigen Tag. Da zückt ein arabischer Pirat sein Schwert gegen eine Ikone, der daraufhin aus der Wunde Blut rinnt. Dieses erblickend, fällt er bewusstlos zu Boden. Er ist nunmehr zum Christentum bekehrt. Ein Diakon vergisst vor einer Ikone die Leuchte anzuzünden. Er erhält daraufhin eine Ohrfeige. Daher brennt die Leuchte vor dieser Ikone nun Tag und Nacht. Als einmal jemand den Mönchen vom Kloster Zographou nicht glaubte, dass es da nicht von Menschenhand gemalte Bilder gebe, und mit dem Finger auf die Stirn des heiligen Georg tippte, blieb sein Finger dort hängen, so dass er amputiert werden musste, weshalb heute zum Schutz der Spötter ein Glas die Ikone schützt. Auch zogen Ikonen in siegreichen Feldzügen voran, in Russland etwa gegen die Fremdherrschaft der Tataren.

Die Ikone der Gottesmutter von Wladimir. Die alte byzantinische Ikone (frühes 12. Jahrhundert) wurde schon 1155 nach Wladimir gebracht, im 16. Jahrhundert dann in die Entschlafungs-Kathedrale des Moskauer Kremls überführt und befindet sich heute in der Tretjakow-Galerie in Moskau.

Ikonen sind Gegenstände der Verehrung: Im Verneigen und im Bekreuzigen vor ihnen zeigt sich das. Berühren und Küssen sind manifester Ausdruck der Kommunikation mit dem Heiligen. Das alles gehört in die Frömmigkeit, zu der die orthodoxe Theologie immer in unmittelbarem Bezug stand. „Die ostkirchliche Tradition hat niemals scharf zwischen Mystik und Theologie, zwischen persönlicher Erfahrung der göttlichen Mysterien und dem von der Kirche verkündeten Dogma unterschieden", stellte der russische Theologe Wladimir Losskij (1903–1958) fest. „Das Dogma, das eine geoffenbarte Wahrheit ausdrückt, die uns wie ein unerforschliches Mysterium erscheint, muss von uns durch einen seelischen Prozess so erlebt werden, dass wir nicht das Mysterium unserer Erkenntnisweise anpassen, sondern vielmehr selbst eine tief greifende Umgestaltung, eine innere Umwandlung unseres Geistes erleiden, um zur mystischen Erfahrung fähig zu werden. Theologie und Mystik schließen einander nicht aus: im Gegenteil, sie stützen und ergänzen einander. Die eine kann ohne die andere nicht existieren: wird in der mystischen Erfahrung der allgemeine Glaubensinhalt zum persönlichen Erlebnis, so drückt die Theologie zum Nutzen aller das aus, was von jedem einzelnen erfahren werden kann."

Mystik ist der orthodoxen Theologie die Vollendung aller Theologie, Theologie par excellence, wie Losskij sagt. So ist theologische Reflexion in der Orthodoxie eingespannt zwischen Erfahrung und Erfahrung: Sie ist eine auf neue Erfahrung drängende Angelegenheit und zugleich eine aus Erfahrung gespeiste. Das gilt natürlich auch für die Bildertheologie. Die Bilderlehre ist Bestandteil der herkömmlichen orthodoxen Dogmatik und bleibt nicht etwa einem Fach wie „Christliche Kunst" oder gar „Christliche Archäologie" vorbehalten.

Zum normativen Bildertheologen wurde schließlich der christliche Araber Johannes von Damaskus (670–750) aus dem berühmten arabischen Stamm der Taglib. Er ist bis heute übrigens mit seiner Dogmatik der normative Theologe der griechischen Orthodoxie (vergleichbar einem Thomas von Aquin bei den Katholiken oder Martin Luther bei den Lutheranern). In seinen zwischen 726 und 730 geschriebenen drei Verteidigungsreden gegen die Bilderstürmer, sie stellen bis heute die dogmatische Grundlage für die orthodoxe Bilderverehrung dar, ging Johannes davon aus, dass der in die Welt eingegangene, Mensch gewordene Gott die Natur erhöht und den Menschen zum Teilhaber seiner göttlichen Natur gemacht habe. Der von Christus angenommene Leib sei göttlich, aber so wie das Fleisch gewordene Wort doch das Wort blieb, so blieb auch das Wort gewordene Fleisch doch das Fleisch. Ihre Union, ihre

Einheit liegt auf der Ebene der Identität, der Hypostase (wie die Griechen sagen).

Er wage ein Bild des unsichtbaren Gottes nur deshalb zu malen, weil der um unsertwillen durch Fleisch und Blut sichtbar geworden sei. Er male kein Bild des unsterblichen Gottes: Er male das sichtbare Fleisch Gottes. Wenn es schon unmöglich sei, eine Seele abzubilden, wie viel unmöglicher sei es dann, Gott abzubilden, der die Lebensquelle der Seele sei. Da schloss sich Johannes ganz der Argumentation des Paulus aus der Apostelgeschichte in dessen Areopagrede (17, 29) an: „So wir denn göttlichen Geschlechts sind, sollen wir nicht meinen, die Gottheit sei gleich den goldenen, silbernen und steinernen Bildern, durch menschliche Kunst und Gedanken gemacht." Unmissverständlich blieb also die Unterscheidung zu den zum Götzendienst der antiken Religionen angefertigten Bildern.

„Wie soll man das Unsichtbare abbilden?", fragt Johannes uns. „Wie das bildlich nicht Darstellbare malen? Wie das beschreiben, was keine Menge, keine Größe und keine Grenze hat? Wie dem Gestaltlosen Form geben? Wie das Körperlose mit Farbe malen?" Niemand solle es wagen, ein Bild des allmächtigen Gottes zu malen. Gott sei reiner Geist, unsichtbar und grenzenlos. „Wenn wir ein Bild des unsichtbaren Gottes machten, sündigten wir tatsächlich", stellt auch Johannes von Damaskus fest. Schon deshalb gibt es eigentlich keine Ikone Gott-Vaters in der Orthodoxie. Wenn nun aber der Eine und Unsichtbare um unsertwillen Mensch wurde, dann dürfe man sich ihn auch als Menschen vorstellen und als Menschen abbilden: „Wenn der Körperlose um deinetwillen Mensch wird, dann darfst du das Bild seiner menschlichen Gestalt malen. Wenn der Unsichtbare im Fleisch sichtbar wird, dann darfst du ein Bild des sichtbar Gewordenen machen. Wenn er, der ohne Gestalt und Grenze, unermesslich in der Grenzenlosigkeit seiner eigenen Natur, als Gott existierend, die Gestalt eines Knechtes in Wesen und Statur auf sich nimmt, dazu einen

Körper aus Fleisch, dann darfst du sein Abbild malen und es einem jeden zeigen, der es betrachten will. Male die unaussprechliche Herablassung, die Geburt von der Jungfrau, die Taufe im Jordan, die Verklärung auf dem Tabor, die die Leidenschaftslosigkeit vermittelnden Leiden, den Tod und die Wunder, die Beweise seiner Gottheit, die Taten, die er im Fleische durch göttliche Kraft wirkte, das Heil bringende Kreuz, das Grab und die Auferstehung und Himmelfahrt – das alles beschreibe, sowohl durch das Wort als auch durch Farben."

Natürlich könne das Bild nicht einfach in allem dem Archetyp gleichen. Es sei keine Reproduktion des Originals, sei nicht exakte Wiedergabe. Der Sohn als das natürliche Bild des unsichtbaren Gottes unterscheide sich vom Vater ja auch dadurch, dass er gezeugt sei. Der Vater gehe nicht vom Sohn, sondern der Sohn vom Vater aus. Dennoch werfe das Bild ein Licht auf die dahinter liegende unsichtbare Welt. Durch die Sinne vermittle es dem Denken einen gewissen Begriff, der ohne das Bild nicht vorhanden wäre. Daher würden die unsichtbaren Dinge durch Bilder sichtbar gemacht. In der Schöpfung sehen wir Bilder Gottes, etwa die mit ihren Strahlen an die Trinität erinnernde Sonne. In den Abbildern werde das Urbild gegenwärtig, im Abbild ist das Urbild wirksam. Da müssten wir aber in unserem Umgang mit den Bildern acht geben: es gebe eine Art der Verehrung, die nur Gott gebührt.

Und doch sei auch die Materie nicht zu verachten, in die doch Gott eingegangen sei. Auch sie verdiene Verehrung. „Verachte die Materie nicht, denn sie ist nicht verächtlich. Nichts, was Gott geschaffen hat, ist verächtlich." In der Materie aber werde natürlich nicht die Materie, sondern ihr Schöpfer verehrt, der um des Menschen willen Materie geworden sei. Ist denn nicht auch das Kreuz Materie? So fragt Johannes von Damaskus. Ist das Evangelienbuch nicht Materie? Ist das Gold des Abendmahlskelchs nicht Materie? Sind Leib und Blut Christi nicht Materie? Nichts, was von Gott erschaffen wurde, ist verachtenswert. Nur das ist verachtenswert, was wir selbst willkürlich erfinden: die Sünde. Da wir Gottes Herrlichkeit von Angesicht zu Angesicht schauen, ist das Auge das vornehmste Sinnesorgan des Menschen. Für das Auge ist das Bild, was für das Ohr das Wort ist. Was das Buch für den des Lesens kundigen, ist das Bild für den des Lesens Unkundigen. Das Bild spricht zum Auge, wie das Wort zum Ohr: Es bringt Verständnis. Die Bilder führen vermittels der durch sie wirkenden göttlichen Kraft zu göttlichen Dingen. Diese Kraft ist natürlich auch in den Heiligen wirksam und daher gelte auch den Heiligenbildern Verehrung.

Der Schlüssel zum theologischen Verstehen der Bilder, den Johannes nutzt, stammte nicht von ihm selbst. Wie alle orthodoxe Theologie wollte auch Johannes nichts Neues sagen, sondern Altes allenfalls neu sagen. Daher beruft sich alle orthodoxe Theologie auf die Väter und Mütter im Glauben. Das Wort, das zum Schlüsselwort für die Bilderlehre des Johannes wurde, stammte von Basilius dem Großen (Bischof von Caesarea, gestorben 379), einem der großen griechischen Kirchenlehrer des 4. Jahrhunderts. Der hatte gelehrt: „Die Ehre, die dem Bild erwiesen wird, geht auf das Urbild zurück." Christlicher Bilderkult ist darin geschieden von der Verehrung von Göttern in Bildern bei den heidnischen Religionen der Antike. Es sei unmöglich, anzunehmen, ein Bild sei Gott, seitdem Gott in Christus in sichtbarer Form erschienen sei.

Die Ikone aber ist das feierliche Portal zum Reich der Verklärung. So steht in jeder orthodoxen Kirche die Ikonostase, die Bilderwand, zwischen dem Allerheiligsten und dieser Welt. Doch nicht so, dass die Ikonostase den Blick verwehrt, sondern so, dass sie den Blick über die Ikonen führt und also die Bilderwand transparent macht für das Ewige und Göttliche dahinter.

Wenn auch Maria und die Heiligen auf Ikonen zu sehen sind, so ist das Geheimnis der Menschwerdung Gottes hierfür der Grund. Christus hat dadurch alle Heiligen zu sich ins Göttliche gehoben, ohne ihre Menschlichkeit zu vernichten. Das Menschliche ist erhöht, verklärt worden, aber nicht aufgehoben. Daher werden nicht Schwäche und Niedrigkeit dargestellt, sondern der göttliche Glanz in und über dem Dargestellten. Der glänzende Goldgrund (Assist) und die flächenhafte, ins Typische gehende Darstellung wollen das andeuten. Individualisierung und Illusionismus würden das Ewige herabziehen. Die Welt der heiligen Ikonen aber ist eine himmlische Welt.

Ikonenkunst ist der Ausdruck einer Lebenshaltung. Da wird die Gläubigkeit geprägt vom übernatürlichen Realismus. In der heiligen Ikone lebt das verklärte Sein, zu dem die Menschen auf dem Weg sind. Mönche zum Beispiel können immer wieder lebende Ikonen genannt werden und damit meinen die, die sie so nennen, dass in ihnen, den Mönchen, etwas vom verklärten Sein präsent ist. Da sind sie aber nur auf dem Weg wie wir; auf dem Weg zur Schau des Ewigen, des wahrhaften Seins.

Vor der „roten" oder „schönen" Ecke kommt die Familie eines russischen Priesters zur Verehrung der Ikone zusammen.

Auf dem Zweiten Konzil von Nicäa 787 fassten die versammelten Bischöfe einen Lehrsatz ab, der sich auf das Anschauen der Ikonen und die Wirkungen des Anschauens bezog: „Je öfter man Christus und die Abbildungen schaut, desto mehr wird der Beschauende zur Erinnerung an die Urbilder und deren Nachahmung angeregt, auch dazu, diesen seine Verehrung zu widmen, welche bloß der Gottheit zuzuwenden ist. Die Ehre, die man den Bildern erweist, geht auf das Urbild über." Das Anschauen und die Verehrung also werden als fortschreitender Prozess gesehen. Das erlaubt natürlich auch Rücksichtnahme gegenüber handgreiflicheren und magischen Formen der Ikonenverehrung. Wichtig ist nicht so sehr die Stufe der jeweiligen Kommunikation des Menschen mit dem Heiligen, sondern die Kommunikation als solche.

Die geforderte Begrüßung und das ehrende Niederfallen vor den Ikonen verstanden die Synodalen von Nicäa als von der eigentlichen Anbetung unterschieden, die allein der göttlichen Wesenheit zukomme. Bilderverehrung wird als „Erinnerung und Sehnsucht nach den Urbildern" aufgefasst. Wer das Bild kniefällig verehre, verehre im Bild kniefällig die Person des Dargestellten.

Die Ikonentheologie ging schließlich in ihren Anschauungen noch über Johannes von Damaskus hinaus: Theodor von Studion (759–826) war der Meinung, dass im Urbild der Kraft und Anlage nach das Abbild vorhanden gewesen sei. So wie zum Siegelstempel der Siegelabdruck, so wie zu jedem Körper sein Schatten, so gehört die Ikone zum Prototypos, das Abbild zum Urbild, der Mensch zu Gott. Die Ikone versteht sich als Transparent der göttlichen Welt. Sie ist das Tor, durch das hindurch Unsichtbares sichtbar wird.

In ähnlicher Weise wird auch der Mensch transparent, wird zur Ikone, wo er sich in seiner Abbildhaftigkeit dem Urbild Gottes verdankt oder sich darauf bezieht. „Welches Bild von uns wünschst du?" fragte Paulinus von Nola den Severus. Er hielt sein irdisches Dasein nicht für wertvoll genug, um es einer Darstellung zu würdigen. Sein himmlisches Dasein aber darstellen zu lassen, hinderte ihn seine Demut. „Wünschst du das des irdischen oder das des himmlischen Menschen?", fragte er darum weiter und war sich bewusst, dass er das Bild des einen wie des anderen nicht wollen konnte.

Der Bilderkult nun führt in seiner Verehrung des Bildes als Darstellung des Himmlischen letztendlich zur mystischen Schau, zur Theoria. Aber nur der inneren Betrachtung der Wesensähnlichen ist dieser Weg überhaupt begehbar. Ganz so, wie Hermann Claudius das beschrieb in seinem Gedicht als das Wesensähnliche zwischen Mensch und Baum. Da wird im Zeitlichen das Ewige gesehen. Der große Ikonentheologe Fürst Trubetzkoj (1862–1905) meinte daher, wir müssten ehrfurchtsvoll vor den heiligen Ikonen stehen und abwarten, bis sie uns ansprächen und wir ihre Anrede vernehmen könnten. Oft gelte es da lange zu warten; die Entfernung von uns zu ihnen sei groß. Häufig schaut der auf der Ikone Dargestellte frontal auf den Beschauenden. Das kann den Beschauenden bannen. Dann hat ihn das Ewige bereits in seinen Wirkungskreis gezogen. Still gibt sich der Beschauende dem Beschauten hin und wird mehr und mehr zum Schauenden. Ehrfurcht bemächtigt sich seiner und Staunen.

So hat auch der andächtig Schauende teil an der Erhebung aller Existenz zur ewigen Essenz, des Seins zum Wesen. Aufgrund dieser Teilhabe kann er verwandelt zurückkehren in das Jetzt und Hier. „Ich sah das menschliche Antlitz Gottes und meine Seele wurde geheilt", sagt Johannes von Damaskus. Alles, was in der Volksfrömmigkeit orthodoxer Gläubiger über die Wundermächtigkeit von Ikonen erzählt wird, hat hier seinen Ursprung in der tatsächlich therapeutischen Wirkung der Ikone als Medium des Ewigen im Zeitlichen, des Heils im Unheil. Freilich wird diese Wirkung nur bei dem freizusetzen sein, der um das Ewige weiß. Der Fürst Trubetzkoj verstand dieses Ewige auch als das Schöne, das seine Wertigkeit als Schönheit aus der Unverfügbarkeit des dahinter liegenden Sinnes bezieht, aber nicht aus künstlerischen Maßstäben oder Normen unserer verzerrten Schönheitsideale, die nicht heilen, sondern beschädigen und nicht erhöhen, sondern erdrücken. „Der Gedanke von der heilenden Macht der Schönheit" aber, meinte Trubetzkoj, wohne in der wundertätigen Ikone als einer geistigen Macht und einer Quelle des Trostes und einer Erhebung der Gedrückten. „Lasset uns diese Schönheit bejahen und lieben! In ihr hat sich jener Lebenssinn verkörpert, der nicht verderben wird."

Freilich wirkt das Ewige nur, wo mit für das Ewige offenen Augen gesehen wird. Um nochmals Florenskij zu zitieren: „Wo immer sich die Reliquien eines Heiligen befinden, in welchem Zustand auch sie sich erhalten haben – sein auferstandener und erleuchteter Körper existiert in Ewigkeit, und die Ikone *stellt* eben dadurch, dass sie ihn zur Erscheinung bringt, nicht einen heiligen Zeugen *dar*, sonder sie *ist* der Zeuge selbst. Nicht *sie* soll als Monument christlicher Kunst studiert werden, vielmehr ist es der Heilige selbst, der uns belehrt. Und in dem Moment, in dem eine noch so feine Fuge die Ikone vom Heiligen selbst trennt, verbirgt er sich vor uns in einem unzugänglichen Bereich, und die Ikone wird ein Ding wie andere Dinge. In diesem Augenblick ist die lebendige Verbindung zwischen Himmel und Erde, d. h. die Religion, an diesem Ort des Lebens zerstört, der Makel des Aussatzes tötet den entsprechenden Lebensbereich ab und es ist zu befürchten, dass diese Abspaltung fortschreitet." Diese stete Gefährdung des Lebens aus der Ikone ist jedem religiös Schauenden unmittelbar verständlich und jedem irreligiös Sehenden auch.

Die Grundlage des Ikonenkultes ist von Sergej Bulgakow (1871–1944) theologisch verstanden worden als das Bild Gottes, das in der Schöpfung, in der Welt ebenso wie im Menschen, erschienen und in Christus wiederhergestellt sei. Christus selbst ist als Gottmensch, d. h. als wahrer Gott und wahrer Mensch das einzigartige Bild Gottes und das einzigartige Bild des Menschen. Durch die Ikonen werde dies allen Menschen fassbar und bleibe nicht auf die Zeitgenossen Christi beschränkt. Ein anderer Religionsphilosoph sah in den orthodoxen Ikonen die Schilderung der Welt in ihren idealen Urbildern, das Beschauen der Welt im Lichte ihrer göttlichen Weisheit. Die Ikonenkunst schaffe poetische Symbolisierung. Dieser Versuch, von außen zu erfassen, was die Bildertheologie von innen beschrieb, reduziert freilich das Himmlische und Ewige auf vermeintlich ideale Urbilder und psychologisiert den religiösen Zugang. Demgegenüber bleibt das Paradox orthodoxer Frömmigkeit, das man im Bild beieinander sieht, was ohne es getrennt erscheint, oder, um mit Bulgakow zu sprechen, die Bilderverehrung macht deutlich, dass es „keine Distanz gibt zwischen dem was irdisch und was hiinmlisch, keine Zwischenmauer zwischen dieser Welt und der anderen, keine Trennung zwischen Lebenden und Abgeschiedenen, nein, alle sind zusammen eins, ein Himmel auf Erden und eine geheiligte Erde."

Und damit sind wir wieder beim Zentrum des christlichen Glaubens: Christus selbst. Entsprechend besingt die orthodoxe Liturgie etwa in einem Hymnus am ersten Fastensonntag das Bild von der Christologie her:

„Das nicht umschreibbare Wort des Vaters
hat durch seine Fleischwerdung
aus dir, Gottesmutter,
sich selbst umschrieben.
Und indem es das befleckte Bild
in seiner Urgestalt wiederherstellte,
durchdrang es dieses
mit göttlicher Schönheit.
Wir bekennen die Erlösung
und bilden sie in Werk und Wort ab."

Jenseits des Bildes

Bilder sind und sind nicht. Nicht sind sie insofern, als sie aus etwas entstehen, das in ihnen zur Darstellung kommt und das durch das Bild und neben ihm unmittelbar wirkt. Das Bild will nicht als Bild bilden, sondern als Element dessen, was bildlos ist in der direkten Anschauung und weist darauf zurück und von dort her. Das Bild, das Göttliches oder Liebe oder Hoffnung darstellt, ist eine mögliche Gestalt und Gestaltung aus dem Gestaltlosen. Wo so das Bild zur Schnittstelle wird von himmlisch-irdischer, göttlich-menschlicher Kommunikation, da ist es Ausfluss dessen, was ihm bereits vorausgeht: Glaube, Bekenntnis, Erlösung. Das Bild ist Ausfluss daraus, aber auch Einfluss dahinein.

Dem liegt schon zugrunde, dass der, der Schönheit wahrnimmt, in ihr Heilung erfährt und von seiner Gestalt zur Urgestalt in Beziehung gesetzt wird und schön wird wie das, was er glaubt, wie der, dem er glaubt.

Oder nochmals mit den Worten von Hermann Claudius, die jetzt auf dem Hintergrund des Gesagten zu verstehen und dorthin zu übersetzen wären:

„Es steht ein Baum im Abendglühn,
ich schau den glückhaft-holden Schein.
Da geht der Baum in mich hinein,
der ewige Baum, und ich in ihn.

So ineinander stehn wir da:
der Ewig-Baum, mein Ewig-Ich,
erschauernd beide brüderlich
im Wunder, das an uns geschah."

Wer so im Bild dem Bildlosen begegnet, in der Gestalt dem Gestaltlosen, oder so aus dem Bildlosen ins Bild wächst, aus dem Gestaltlosen in die Gestalt, der kann wohl mit Johannes von Damaskus jenen verwegenen Satz sprechen: „Ich sah – und meine Seele wurde geheilt."

Die Dreifaltigkeitsikone von Rubljow

Die wohl berühmteste Ikone ist die Dreifaltigkeitsikone des Andrej Rubljow (traditionelle Datierung 1360–1430, historisch nicht gesichert). Diese Ikone befindet sich heute in der Tretjakow-Galerie in Moskau. Im Dreifaltigkeitskloster in Sergiew Possad (bei Moskau, in sowjetischer Zeit Sagorsk), wo sie sich ursprünglich befand, ist dennoch ihre geistige Heimat bis heute.

Die Ikone zeigt drei Engel mit goldenen Flügeln und Heiligenscheinen. Sie sitzen um einen Tisch. Auf dem Tisch befindet sich eine goldene Schale mit dunklem Inhalt. Über dem linken Engel zeigt sich ein zweistöckiges Gebäude, über dem mittleren Engel ein Baum, über dem rechten Engel schließlich schwache Umrisse eines Berges. Berg und Baum neigen sich der Mitte zu. Die Trinität ist hier in Aufnahme der biblischen Geschichte vom Besuch der drei Männer bei Abraham (Genesis 18) gemalt.

Von Rubljow erfahren wir aus einer Moskauer Chronik, dass er im Jahr 1405 gemeinsam mit dem Ikonenmaler Feofan dem Griechen (spätes 14. Jahrhundert) und dem Starez Prochor als Mönch an der Ausmalung der Verkündigungskirche im Moskauer Kreml beteiligt war. Sein Stammkloster war das Andronikow-Kloster in der Nähe Moskaus, dessen Kirche ebenfalls von ihm, zusammen mit seinem Freund Daniel, mit einer Ausmalung versehen wurde. Im Jahr 1408 ist er, zusammen mit dem „Bildermaler" Danilo, als Ausmaler der Kirche der Entschlafung der Gottesmutter in Wladimir bezeugt, eines der Hauptheiligtümer des Großfürstentums Moskaus. Ebenfalls geht die Ausmalung der Dreifaltigkeitskirche im Sergij-Kloster nach 1422 auf ihn und Daniel zurück. Dies sei das letzte Werk ihrer Hände, nach dessen Fertigstellung die beiden ins Andronikow-Kloster zurückgekehrt und dort vor dem 17. November 1427 gestorben seien. 1551 wird von der Moskauer Hundertkapitelsynode die Darstellung der Trinität durch Rubljow als dogmatisch vorbildlich und verpflichtend festgestellt. 1988 wurde der Ikonenmaler als Heiliger kanonisiert.

Die Ikone der Dreifaltigkeit von Andrej Rubljow (Tretjakow-Galerie Moskau).

Auf der Ikone geht es theologisch um die Darstellung der Dreiheit Gottes in der Einheit, beziehungsweise um die Einheit Gottes in der Dreiheit. In sechsfacher Weise könnte die Ikone „gelesen", d. h. die Engel den Personen in der Dreiheit zugeordnet werden. So wäre sie lesbar, wenn der mittlere Engel der Vater ist: 1.) Geist – Vater – Sohn, 2.) Sohn – Vater – Geist. Dies wären die Lesarten, die davon ausgingen, dass der linke Engel der Vater ist: 3.) Vater – Geist – Sohn, 4.) Vater – Sohn – Geist. Und diese Möglichkeiten ergäben sich schließlich, wenn der Vater der rechte Engel ist: 5.) Sohn – Geist – Vater, 6.) Geist – Sohn – Vater. Theologisch ist bei der Zuordnung zu bedenken, dass der Geist nach dem Verständnis der orthodoxen Theologie nur vom Vater seinen Ausgang nehmen kann, nicht auch vom Sohn.

Andrej Rubljow verzichtet bei seiner Ikone auf Abraham und Sara. Der gegenwärtige Mensch tritt als Betrachter an ihre Stelle. Der Baum von Mamre wächst zum überzeitlichen Lebensbaum, Abrahams Hütte wandelt sich zum Haus der Kirche, kein Essgeschirr macht das Mahl nachvollziehbar. Statt Abraham als Wirt zeigt die Ikone Gott als Wirt. Die Symbolik deutet auf den als Lamm Gottes geschlachteten Christus. Der Kreis symbolisiert Ewigkeit. Jedes Detail meint etwas: Gottes Weltüberlegenheit wird gegenwärtig in den Flügeln der Engel, im Gold, das den ewigen Himmel versinnbildlicht, und im Blau, das den atmosphärischen Himmel meint. Die Herrschaft Gottes zeigt sich in Wanderstäben, die Szepter sind. Und alles steht, ungeachtet aller auf den Himmel bezogenen Symbolik, zur Erde in Beziehung, dem grünen Rasen, auf dem Tisch und Stühle stehen. Baum, Berg und Haus erläutern die konkrete historische Gegebenheit des Hains von Mamre. Die drei der Dreiheit sind verbunden in Liebe, die sich im Kelch, dem Symbol des Opfers, dem Betrachter, der Abraham und Sara beim Mahl vertritt, gibt.

Der Betrachter der Ikone, der in dieser Weise der Ikone zuhört und so durch die Ikone hindurchschaut, befindet sich bereits jenseits der Ikone, mitten in der Interaktion mit dem Göttlichen.

Ein deutschrussischer Dichter aus St. Petersburg, Henry von Heiseler (1875–1928), fasste dieses Wechselspiel zwischen Ikone und Betrachter anhand der berühmten Muttergottesikone in Moskau in eindrückliche Verse:

„Die von des Athos Höhe niedersah
Aus blauer Luft hinab zu blauer Flut,
Steht jetzt gefangen in dem alten Tor
Und Staub der Straße fliegt um ihren Schmuck –
Doch bin ich so ersehnt und so geliebt,
Dass ich des Berges Höhe gern vergaß,
Denn jeder Bettler bringt mir seinen Wunsch
Und jeder Kaiser betet mir zu Füßen.

An heiligen Tagen führen sie mein Bild
Mit hallenden Gesängen durch die Straßen,
Dann blitzen tausend Kuppeln über mir.
Was ist es, das sie mir zu dienen treibt?
Es dreht sich dröhnend das Erlösertor,
Der Priester tritt hervor und senkt das Kreuz
Vor mir, die wartet mit gesenkten Lidern.

Was zwingt sie mir zu dienen? Wie der Strom
Sein ganzes Wasser durch die Enge drängt,
Treibt ihre Kinder meinem Thron vorüber
Der Stadt der weißen Mauern – und so ward
Ich nah der Menge, die mich täglich sucht.
Mein Anblick war von jedem Tag ein Teil
Und goss ein weißes Licht um seine Mühen.
Jetzt kannten alle mich und liebten mich.

Seit diesen Tagen brennt die Lampe heller
In meinem Haus, denn Liebe leuchtet mit.
Jetzt folgt das Volk dem eigenen Geschenk
Und freut sich seiner Helle: jeder gab
Sein eignes Feuer mir und kennt es nicht
Im neuen Glanze wieder, denn von mir,
Die jeden Wunsch erhebet in gleicher Flamme,
Wird helle Leuchte was ein Seufzer war."

Literaturhinweise:

Helmut Fischer: Die Ikone. Ursprung, Sinn, Gestalt, Hannover 2001.
Pawel Florenskij: Die umgekehrte Perspektive, Berlin 1989.
Pawel Florenskij: Die Ikonostase, Stuttgart 3. Aufl. 1996.
Gabriele von Horn: Wörterbuch zur Ikonenkunst, Hannover 2003.

Johannes von Damaskus: Drei Verteidigungsschriften gegen diejenigen, welche die heiligen Bilder verwerfen, Leipzig 2. Aufl. 1996
Nikolai Ljesskow: Der versiegelte Engel, München 1961.
Malerhandbuch des Malermönchs Dionysios vom Berg Athos, München 1960.
Ludolf Müller: Die Dreifaltigkeitsikone des Andrej Rubljow, München 1990.
Leonid Ouspensky: Theology of the Icon, 2 Bände, New York 1992.
Valerij Sergejew: Das heilige Handwerk. Leben und Werk des Ikonenemalers Andrej Rubljow, Freiburg 1991.
Das Gedicht von Claudius ist zu finden in: Hermann Claudius: Gesammelte Werke 2, Hamburg 1957, S. 36; das zur Muttergottesikone in: Henry von Heiseler, Sämtliche Werke, Heidelberg 1965, S. 24.

2. Herzensgebet

Das Jesusgebet gehört zu den eindrücklichsten Gebetsweisen der Ostkirche. Wegen seines praktischen Vollzuges wird es heute zumeist Herzensgebet genannt, auch weil besonders westlichen Menschen die schlichte Bezeichnung Jesusgebet anstößig geworden ist.

Das Gebet des Herzens oder Jesusgebet ist der zentrale Akt der facettenreichen Frömmigkeitsbewegung, die sich der Erlangung der Ruhe durch den spirituellen Menschen verschrieben hat und ist so oft gleichbedeutend mit dem Eingang zur Ruhe. Was in der deutschen Übersetzung mit „Ruhe" wiedergeben wird und in den griechischen Kirchenvätertexten „Hesychia", in den syrischen Quellen „Schelja" heißt, ist nur ein unzulänglicher Versuch, in deutscher Sprache einzufangen, was in den Sprachen, in denen sich unter diesem Wort ganze Theologien und Frömmigkeitsbewegungen sammelten, weit vielschichtiger ist. Daher sprechen einige Übersetzer zum Beispiel auch von „Abgeschiedenheit" oder „Seelenfrieden".

Die Ruhe, um die es sich hier handelt, ist also nicht einfach die Abwesenheit von Lärm, sie ist auch ein inneres, beständiges Gefühl und eine Bewusstseinslage und deshalb in engster Verbundenheit zum Herzen als dem Sitz der menschlichen Kräfte zu denken.

In der Vielzahl der Augenblicke des Lebens vermittelt sie eine Art Stabilität, eine Art Grundhaltung, die in allen Augenblicken und Tätigkeiten eines Lebens enthalten sein kann und über sie hinausweist.

Ruhe, Gelassenheit und Festigkeit werden angestrebt beim zentralen Organ des Menschen: dem Herzen, bzw. der zentralen Aussage des Glaubens: Jesus als dem Herrn, dem Kyrios (sozusagen dem sichtbar gewordenen Herzen christlicher Religion).

Eine Erzählung der ägyptischen Wüstenväter kann uns die Spur weisen. „Als der Altvater Arsenios noch im Palast weilte, betete er zu Gott: ‚Herr, zeige mir einen Weg, wie ich Rettung finde!' Und es kam eine Stimme zu ihm, die sprach: ‚Arsenios, fliehe die Menschen, und du wirst gerettet werden.' Als er sich dann bereits in das Einsiedlerleben zurückgezogen hatte, betete er wieder mit den gleichen Worten. Und er hörte eine Stimme, die zu ihm sagte: ‚Arsenios, fliehe, schweige, ruhe! Das sind die Wurzeln der Sündenlosigkeit.'" Dieser Dreischritt „fliehe, schweige, ruhe!" wird weithin dann die Grundforderung der orthodoxen Spiritualität und Frömmigkeit.

Ein Bauernjunge in Bedrängnis

Die Erscheinungsformen dieser Frömmigkeit waren und sind sehr vielgestaltig. Die Mönche in der Wüste Ägyptens, des Sinai und Mesopotamiens können als ihre Väter gelten. Von dort aus verbreitete sich diese Frömmigkeit gen Westen über den Berg Athos bis nach Russland. Unabhängig davon findet sie sich auch bei den so genannten „nestorianischen" Christen in Persien, China und Indien.

Wie kam das Gebet zustande? Vielleicht so, wie in der folgenden Erzählung.

„Maximus [ein griechischer Heiliger des 4. Jahrhunderts] hört eines Tages in der Kirche die Stelle aus dem Brief des heiligen Paulus, in dem der Apostel empfiehlt, ohne Unterlass zu beten [1. Thessalonicher 5,17]. Der junge Mann ist davon so betroffen, dass er glaubt, dass es nichts Besseres auf der Welt gebe, als diesen Rat zu befolgen. Nach dem Verlassen der Kirche begibt er sich in die nahen Berge und beginnt ohne Unterlass zu beten. Wie alle griechischen Bauern der damaligen Zeit kennt er gerade das Vater Unser und einige andere Gebete. Er beginnt also damit, sie unentwegt aufzusagen. Von einem Augenblick auf den anderen fühlt er sich sehr glücklich. Er betet, er ist mit Gott, er ist selig, alles scheint wunderbar solange, bis allmählich die Sonne am Horizont untergeht; es dauert nicht lange, bis die Kälte und die Nacht sich einstellen und mit der Nacht stellen sich eine

Menge unheimlicher Geräusche ein: das Knacken von Zweigen unter den Pfoten von Tieren mit wild funkelnden Augen, Kämpfe zwischen wilden Tieren, wobei die Stärkeren die schwächeren töten usw. Einsamkeit überkommt ihn, ein armes kleines, wehrloses Geschöpf in einer Welt, in der Gefahr, Tod und lebensbedrohliche Kämpfe vorherrschen. Er begreift, dass er verloren ist, wenn Gott ihm nicht zu Hilfe kommt. Er lässt vom Beten des Vater Unsers und des Credo ab und ruft wie Bartimäus aus: ‚Herr Jesus Christus, Sohn Gottes, erbarme dich meiner!' (Markus 10,46) So schreit er die ganze Nacht, denn die wilden Tiere und feuerroten Augen lassen ihn kein Auge zutun. Als die Morgendämmerung anbricht und alle Tiere sich wieder in ihre Höhlen zurückgezogen haben, sagt er zu sich: ‚Jetzt werde ich beten können!', aber unvermittelt verspürt er Hunger. Er will Beeren sammeln, er nähert sich dem Dickicht und glaubt plötzlich, dass sich in ihm die funkelnden Augen und die spitzen Krallen versteckt haben könnten. Vorsichtig geht er also weiter und bei jedem Schritt sagt er: ‚Herr Jesus Christus, rette mich, komm mir zu Hilfe, rette mich; Herr, hilf mir, beschütze mich!'

Jahre später begegnet er einem sehr alten und erfahrenen Asketen, der ihn fragt, wie er gelernt habe, ohne Unterlass zu beten. Maximus antwortete ihm: ‚Ich glaube zu verstehen, was du mir sagen willst, aber ich möchte sicher sein, dass ich mich nicht täusche.' Maximus erklärt ihm, wie er sich nach und nach an alle Geräusche und an alle Gefahren des Tages und der Nacht gewöhnt hat. Dann aber sind Versuchungen auf ihn eingestürzt, Versuchungen des Fleisches, Versuchungen des Geistes, der Gefühle und etwas später noch gewaltigere Angriffe des Teufels. Schließlich verbrachte er keinen einzigen Augenblick mehr, ohne Gott bei Tag und bei Nacht anzurufen, und zu ihm zu schreien: Erbarme dich, erbarme dich, zu Hilfe, zu Hilfe, zu Hilfe!

Eines schönen Tages dann, nach vierzehn Jahren, die er so verbracht hatte, ist ihm der Herr erschienen; sogleich waren Ruhe, Frieden, Gelassenheit in ihm. Keine Furcht, keine Dunkelheit, keine Stacheln, kein Dämon waren mehr zurückgeblieben: ‚Ich hatte endlich verstanden', fährt Maximus fort, ‚dass, solange der Herr nicht selbst eingreift, ich unrettbar und völlig hilflos bin. So spreche ich, selbst im Zustand heiterer Gelassenheit, des Friedens und der Freude auch weiterhin: Herr, Jesus Christus, Sohn Gottes, erbarme dich meiner!' Er wusste nunmehr, dass es den Frieden des Herzens und des Geistes, dass es Besänftigung des Fleisches und Lauterkeit des Willens nur im göttlichen Erbarmen gibt."

Nach orthodoxem Selbstverständnis hat das Jesus- oder Herzensgebet seine Quelle ausschließlich aus der Nachfolge heraus. Der Nachfolgende fragt sich, wie es denn zu bewerkstelligen sei, ohne Unterlass zu beten. Soweit es heute festzustellen ist, finden sich Zeugnisse dieser Gebetsmethode bereits im frühesten christlichen Mönchtum. Es waren zum Teil wenig gebildete Menschen, die diese Gebetsmethode praktizierten. Das soll nicht bedeuten, dass nicht doch hinter den Lebensentwürfen der Mönche in der ägyptischen Wüste oder auf der arabischen Halbinsel, bei Kopten und Nestorianern, philosophische Einflüsse etwa des Neuplatonismus gestanden haben können, wie sie dann bei Evagrius Ponticus im 4. Jahrhundert voll entfaltet zu greifen sind, aber solche Einflüsse wären eher indirekt. Im Bewusstsein und Selbstverständnis dieser frühen spirituellen Meister in den Wüsten und auf den Bergen des Orients stand lediglich der fromme Wunsch nach Einung mit Gott.

Die Philokalie

Zu den wichtigsten Mitteln dieser Frömmigkeit gehören Textsammlungen, in denen die zentralen Texte der Väter vereinigt sind. Es gab zwar auch Mütter in dieser Frömmigkeitstradition, doch treten und traten sie leider in dem, was schriftlich überliefert wurde, deutlich hinter ihren männlichen Mitstreitern zurück.

Wichtig ist: diese Textsammlungen sind zugleich Auswahl. Die Väter dieser Methode unter den Nestorianern sind so nicht in die Sammlungen aufgenommen worden. Lediglich Ephraem der Syrer (traditionelle Datierung 306–373, Geburtsdatum fraglich) und Isaak von Ninive (späteres 7. Jahrhundert) fanden Eingang, weil es zu ihnen auch eine griechische und slawische Überlieferung gibt, die freilich erheblich von der semitischen Tradierung ihrer Texte abweicht. Was gar bis nach China und Indien von den Nestorianern hierzu entwickelt, gedacht und praktiziert wurde, ist heute nicht über die Sammlungen zu erreichen, die seit dem 18. Jahrhundert entstanden; oft sind solche Texte nur den spezialisierten Wissenschaftlern bekannt.

Die wichtigste Textsammlung heißt griechisch „Philokalie": „Liebe des Schönen", oder russisch „Dobrotoljubie", übersetzbar auch als „Tugendliebe". Die heutigen Fassungen dieses Buches sind nicht alt, aber die darin enthaltenen Texte schon. Für den griechisch-byzantinischen Kulturkreis ist jene Sammlung die „klassische", die 1782 der Athos-Mönch Nikodemos von Naxos (1748–1809) in griechischer Sprache in Venedig herausgab. Schon auf dem Titelblatt gab er den Zweck dieser Sammlung alter Texte an: in Theorie und Praxis wolle sie in die ethische Philosophie einführen, den Geist reinigen, erleuchten und zur Vollkommenheit bringen.

Im Jahr 2004 erschien endlich eine vollständige deutsche Übersetzung der „Philokaleia" durch das Ostkircheninstitut der Augustiner an der Theologischen Fakultät der Universität Würzburg. Nun können endlich auch deutsche Interessenten, die des Griechischen oder Russischen nicht mächtig sind, diese Texte in vollem Umfang studieren, nachdem sie schon in fast alle wichtigen Verkehrssprachen dieser Welt übersetzt worden sind.

Die Centurie des Kallistus und Ignatius

Das Kernstück jeder Ausgabe der Philokalie ist eine 100 Kapitel umfassende Lehre, die ein uns sonst unbekannter Mönch Kallistus (1397 für einen Monat ökumenischer Patriarch von Konstantinopel) und Ignatius (14. Jahrhundert), um das Jahr 1400 herum verfasst haben. Jede Gott liebende Tätigkeit beginne mit der gläubigen Anrufung des Namens Jesu Christi, heißt es da. Diese Anrufung des Namens Jesu gehe einher mit Friede und Liebe. Zwar werden auch Verhaltensweisen benannt, die den Beter kennzeichnen: er müsse friedsam, unbewegt, ohne Sorgen, schweigsam, geruhsam, dankbar in allem, seiner eigenen Schwachheit bewusst sein. Aber im Kern geht es zunächst vor allem um die Anrufung des Namens Jesu. So hätten das die rechtgläubigen Führer und Lehrer gelehrt. Was sie lehrten, gelte zwar allen Menschen, aber natürlich in besonderer Weise den Mönchen, die ihr Leben dem Erringen der vergöttlichenden Ruhe widmeten und sich daher von der Welt getrennt hätten und im Geiste ruhen wollten.

Es gehe darum, unablässig den Namen Jesu im Herzen und im Geist und auf den Lippen zu tragen, in ihm und mit ihm zu atmen, zu leben, sich im Schlafen und Wachen zu bewegen mit ihm, mit ihm zu essen und zu trinken. Der Glaube richte sich nicht auf anbetungswürdige Personen, sondern entsprieße in der Seele aus dem Licht und mache das Herz dadurch unberührbar (vorsichtiger könnte man auch sagen: fest).

Die beiden Autoren geben zahlreiche praktische Hinweise, wie man so etwas wie Friedsamkeit und Unbewegtheit, Sorglosigkeit und Schweigsamkeit erreichen könne. Besonders wichtig dabei ist eine spezielle Methode, die die beiden Verfasser dieser 100-Kapitelschrift einem anderen geistlichen Lehrmeister entlehnen, dem um 1300 gestorbenen Mönch Nikephorus Monachus (auch Nikephoros Eremita genannt). Sie bezeichnen diese Methode deshalb als die Methode des sehr heiligen Nikephorus. Der lehre, dass über die innere Sammlung zur Ruhe (Hesychia) zu gelangen sei mittels des Einatmens durch die Nase in Verbindung mit dem dabei geübten Jesusgebet. „Du weißt, Bruder, dass der Atem, den wir einatmen, diese unsere Luft ist. Wir atmen sie aber für nichts anderes ein als für unser Herz. Denn dies ist die Ursache unseres Lebens und der Wärme unseres Leibes. Das Herz zieht die kühle Luft an sich, die warme aber stößt es aus und hält sich auf diese Weise unverbrüchlich an den Dienst, dessenthalben es zur Erhaltung des Lebens eingerichtet wurde. Du aber sitze in der stillen Zelle und sammle deinen Geist, führe ihn hinein auf dem Weg über die Nase, wo der Atem zum Herzen eingeht, und treibe ihn an und zwinge ihn mit der eingeatmeten Luft ins Herz hinab zu steigen. Wenn er dorthin eingegangen ist, wird das, was folgt, nicht ohne Lust und ohne Freude für dich sein."

Hier werden also schon äußere Bedingungen für die Gebetsmethode erkennbar, wie etwa die stille und möglichst dunkle Zelle. Beim Einziehen des Atems durch die Nase ins Herz sei das Gebet zu üben mit den Worten: „Herr Jesus Christus, Sohn Gottes, erbarme dich meiner." Dies ist die so genannte „vollständige" Form des Jesusgebetes, die ursprüngliche aber ist wohl die schlichte Anrufung des Namens Jesu ohne jeden Zusatz, die geläufigste wohl das „Kyrie eleison" oder das „Christe eleison" („Herr erbarme dich" oder „Christus erbarme dich"). Mit dem Einziehen des Atmens nun seien die Worte des Gebetes in einer Art von Vereinigung einzuziehen. Dabei trat immer wieder das Phänomen auf, dass der so Betende weinte oder in der Sprache der spirituellen Lehrtradition: mit der Gabe der Tränen gewürdigt wurde.

Dass die Gebetsmethode nicht isoliert vom übrigen Leben zu betreiben sei, ist allen Lehrmeistern gemeinsam. Man möge sich vernünftig und mäßig ernähren, wird da dringlich angeraten. Frömmigkeitsübungen wie Kniebeugungen werden anempfohlen, Meditation und Handarbeit. Das Herzensgebet sei nicht einfach zu haben, seelische und körperliche Kämpfe seien unvermeidbar. Und selbst wenn man auf diesem Weg dahin gelange, Licht zu sehen, so möge man doch darin keinesfalls einfach verweilen, sondern in jedem Fall einen erleuchteten Lehrer dazu befragen, der das Licht zu deuten vermag und der Hinweise geben könne, ob es jenes Licht sei, dass den Auserwählten mit Jesus auf dem Berg Tabor leuchte, wenn sie die selige Entäußerung erlitten und Unschaubares schauten.

Exemplarisches aus der Geschichte

Wie gesagt, die Methode findet sich schon unter den Mönchsvätern des 4. Jahrhunderts. Ein erster bedeutender Theoretiker war der Bischof Diadochus von Photike (Mitte 5. Jahrhundert). Wer immer unaufhörlich den heiligen Namen Jesu in den Abgründen seines Herzens überdenke, werde eines Tages zur Erkenntnis des Lichtes seines Intellektes kommen, lehrte er. Das Gebet dürfe auch nicht einen Moment unterbrochen werden. Der Intellekt hingegen ertrage das Gebet nur schwer. Wenn er in der Stunde der Zurückgezogenheit ruhe, dann werde aber auch er durchdrungen von der Milde des Gebets.

Johannes Klimakus, im 7. Jahrhundert der Abt des Sinai-Klosters, hinterließ uns eine geistliche Lehre in der Darstellung einer Leiter, deren Sprossen aufwärts in den Himmel führen; auf den Ikonen zu dieser Himmelsleiter stützen nach oben die Engel und zerren nach unten die Dämonen. Er hatte Gebetsmethode und den Rhythmus des Atmens kombiniert.

Als Vorbild für die Stille (Hesychia) im Herzen stellte Hesychius von Batos (7./8. Jahrhundert) seinen Schülern eine kleine Spinne vor. Dieses Insekt fange die kleinen Fliegen. Wenn die Schüler das stille Verhalten der Spinne nachahmten in ihrer Seele, dann würden sie die destruktiven Kräfte („die Kinder Babylons") im Menschen vernichten. „Wer in die Sonne blickt, bekommt zwangsläufig ent-

Johannes Sinaitis (nach 600 gestorben) erhielt seinen Beinamen „Klimakus" nach seinem bedeutendsten Werk, das in wichtigen Teilen in die Philokalie/Dobrotoljubie einging. Es schildert in 30 Graden (Stufen) entsprechend des 1. Mose 28,10–22 entlehnten Bildes der Jakob erschienenen Himmelsleiter die einzelnen Seelenzustände und Schritte der Läuterung. Sie haben das Leben in der Schau Gottes zum Ziel. Durch Meditationsmethoden, im Kampf gegen Leidenschaften, gelangt der Mensch zum höheren sittlichen Urteilsvermögen und zuletzt zur Unempfindlichkeit in der Schau des göttlichen Lebens. Auf der letzten Stufe (Glaube, Liebe, Hoffnung) erhält der Asket aus der Hand Jesu die himmlische Krone.

zündete Augen. Wer unaufhörlich in die Atmosphäre des Herzens eintaucht, muss notwendigerweise in gleicher Weise entflammt werden." Im geistlichen Kampf gelte es, den Namen Jesu zu gebrauchen. „Denn nur wenn diese heilige Waffe unaufhörlich in einem schlichten Herzen gezückt wird, kann der Feind geschlagen werden."

Berühmt wurden die Anweisungen Symeons des Neuen Theologen (949–1022) in seiner Schrift „Methode des heiligen Gebetes." Der Beter solle sich in einer stillen Zelle in die Ecke setzen, die Tür schließen, den Geist von allen eitlen und vergänglichen Dingen abwenden, den Bart auf die Brust stützen und das körperliche Auge mit dem Geist auf die Mitte des Bauches, den Nabel, richten, den Atem mäßigen und sich geistig in seinem Innern an den Ort des Herzens versetzen und nun die Anrufung Jesu Christi vollziehen und ständig wiederholen. Dann werde er nach einiger Übung mit Gottes Hilfe Jesus im Herzen halten können.

In der von Niketas Stethatos (gestorben nach 1050) verfassten Biographie Symeons nimmt das über den geistlichen Weg in der Schau zu erlangende Licht, das bei Symeon eine besondere Rolle in seinen Anweisungen spielte, eine nun auch Symeon selbst auszeichnende Stellung ein. „Während er sich eines Nachts also im Gebete befand, gewahrte er plötzlich ein Licht, das seine Strahlen von oben auf ihn niederwarf, ein echtes und gewaltiges Licht, das alles erleuchtete und jedes Ding klar wie am helllichten Tag erscheinen ließ. Auch er selbst war von diesem Licht erleuchtet. Es war ihm, als ob das ganze Haus, samt der Zelle, in der er sich aufhielt, verschwunden wäre und sich in einem einzigen Augenblick in Nichts aufgelöst hätte, als ob er selbst in der Luft schweben würde und seinen Leib gänzlich vergessen hätte. In diesem Zustand wurde er von einer so großen Freude überwältigt und floss über von heißen Tränen. Und was bei diesem wunderbaren Ereignis das Merkwürdigste ist: er begann als einer, der in solchen Offenbarungen kein Eingeweihter war, in seinem

Staunen mit lauter Stimme unaufhörlich zu rufen: ‚Herr, erbarme dich meiner!' Darüber gab er sich Rechenschaft, als er wieder zu sich kam; denn im Augenblick selbst wusste er nicht, dass seine Stimme redete und dass man seine Worte draußen vernehmen konnte. Erst sehr spät, als das Licht sich nach und nach verflüchtigt hatte, fand er sich wieder in seinem Leib zurück und im Innern seiner Zelle. Sein Herz war mit unauslöschlicher Freude erfüllt, und sein Mund rief mit lauter Stimme: ‚Herr, erbarme dich meiner'."

Der Mönch Gregorius Sinaita († 1346) betonte zudem noch, der Mönch solle etwa nach der gesonderten Gebetsübung nicht schnell aufstehen, er solle still und geduldig auf seinem Stuhl sitzen. Geduld und Ausdauer sei die Mutter der Leistungen des Körpers und der Seele. Gerade weil das Sitzen auf einem Schemel unbequem sei, sei es die bevorzugte Haltung für das Gebet. Nur für kurze Zeiten, „vorübergehend", gestattete Gregorius auch, dass der Beter sich dann und wann zur Entspannung hinlegen könne. Das Gebet, egal in welcher Form, führe schließlich zum rein geistigen Beten und lasse das Beten mit Mund und Geist hinter sich zurück. Dabei gelte es aber ansonsten in allem, Maß zu halten. „In allem ist das Maß das Beste." So empfahl er etwa, nachts nicht zu psalmodieren; das bereite nur Störungen und lenke den Geist von seiner friedevollen Ruhe ab. „Gott nämlich ist Friede, jenseits von Tumult und Lärm." Man solle ruhig frei sein im Essen und Trinken, aber nie die Grenzen überschreiten. „Der Hesychast soll immer etwas hungrig sein, niemals vollgegessen." Der Königsweg sei der der drei Tugenden: die Enthaltsamkeit, das Schweigen und die Demut (d. h. die Unzufriedenheit mit sich selbst). Doch trotz allen Maßhaltens wusste Gregorius Sinaita, dass die regelmäßige Übung des Herzensgebetes Mühe bereitet. „Du wirst dabei dem Eindruck des Zwanges, der Schwierigkeiten und wegen der anhaltenden Übung vielleicht sogar der Langeweile nicht entgehen können." Unter solchen Umständen solle der Schüler seinen Geist auf die zweite Hälfte des Gebetes konzentrieren und diese Hälfte so oft als möglich wiederholen.

Als das Ziel aller Bemühungen in dieser Tradition benannte Maximus Confessor († 662), dass der Betende zur Übereinstimmung mit Christus komme. Dabei komme der Geist Christi nicht zu uns, indem wir unserer geistigen Fähigkeiten beraubt würden, auch sei der Geist Christi keine Ergänzung unseres Intellekts oder gar ein substantieller Zuwachs des Intellekts. Vielmehr lasse der Geist Christi die Kraft unseres Intellekts in dessen eigener Qualität aufstrahlen und bringe unseren Intellekt zur Übereinstimmung mit sich selbst. Insofern verstand er unter der biblischen Formel „den Sinn Christi besitzen" (1. Korinther 2,16): „Christus gemäß denken und Christus in allen Dingen denken."

Diese Beispiele zur Lehre der Gebetsmethode mögen genügen. Die Methode und ihre lehrhafte Begründung durch Gregorius Palamas († 1359) wurden 1347 und 1351 feierlich zur orthodoxen Lehre erklärt, Gregorius Palamas selbst 1368 zeichenhaft heilig gesprochen. In Russland findet sich dann ab dem 12. Jahrhundert das Jesusgebet ebenso wie im alten Byzanz. Hier erwuchsen ihm nach einer ersten Blüte im 15. Jahrhundert (Nil Sorskij) bedeutende Lehrer und Starzen im 18. und 19. Jahrhundert, nachdem zunächst eine erste Übersetzung der Philokalie ins Kirchenslawische 1793 in Moskau erfolgte, dann eine fünfbändige ins Russische von 1877 bis 1889. Während der Übersetzer der ersten in begleitenden Schriften betonte, dass erst die Askese und Praxis erfolgen müsse, dann die Theoria und das Schauen, erweiterte der Übersetzer der zweiten die Textzeugen um einige besonders für Russland wichtige Lehrer.

Der Pilger

Das zweifellos berühmteste Zeugnis des russischen Hesychasmus dürften die „Aufrichtigen Erzählungen eines russischen Pilgers" von 1865 sein. Sie sollen unseren Durchgang durch die Praxis der Gebetsmethode abschließen.

Ursprünglich umfassten diese Erzählungen vier Teilerzählungen. Sie erschienen erstmals in einer schlechten Ausgabe 1865 in Kasan an der Wolga, dann in einer dritten Auflage mit kirchlicher Druckerlaubnis 1884 ebenfalls in Kasan. Seither traten sie ihren Siegeszug als volkstümliches Lehrbuch der hesychastischen Gebetsmethode an. 1911 fanden sich unter den Manuskripten des Starez Ambrosius von Optina (1812–1891) drei weitere Erzählungen mehr lehrhaften Inhalts, die den meisten heutigen Ausgaben der Erzählungen als zweiter Teil angefügt worden sind.

Der Verfasser der aufrichtigen Erzählungen sieht übrigens bereits den Kontext von Herzensgebet und asiatischen Meditationsformen. Da kritisiert ein Amtmann die Meditationspraxis des Pilgers massiv mit Hinweis auf das grundlegende Lehrbuch (Dobrotoljubie). „Man hat mir gesagt, dass es allerhand seltsame Kunststücke enthält und Kniffe, wie man beten müsse; griechische Mönche haben es geschrieben; es ist so ähnlich, wie es in Indien und in Buchara Fanatiker gibt, die da sitzen und sich aufblasen, um dadurch einen Kitzel im Herzen zu verspüren, und in ihrer Dummheit halten sie dieses natürliche Gefühl für ein Gebet, das ihnen von Gott gleichsam verliehen wurde." So haben Kritik und Skepsis die Praxis des Herzensgebetes durch die Jahrhunderte begleitet. Der Amtmann in den Erzählungen übrigens empfahl statt der Technik des Herzensgebetes schlicht, man möge morgens das Vater Unser beten. Damit sei man für den ganzen Tag in Ordnung. (In diesem Zusammenhang sei an Luthers Schrift zum Beten für Meister Peter erinnert, die den Handwerksmeister allein am Vater Unser das Beten lehrt.) Das immerwährende Herzensgebet hingegen, so der Amtmann in den Erzählungen, sei für Herz und Verstand gleichermaßen schädlich. Auf diese Kritik am Herzensgebet wird noch einmal kurz zurückzukommen sein.

Den Hinweis auf Indien und das islamische Buchara haben Wissenschaftler immer wieder zum Anlass genommen, nach den möglichen Wechselbeziehungen zwischen den meditativen Praktiken Indiens und des Islams mit denen der Hesychasten zu fragen. Bis heute gibt es hierzu keine befriedigenden wissenschaftlichen Ergebnisse. Deutlich scheint nur, dass das Herzensgebet nicht durch äußeren Einfluss (etwa aus Indien) entstand, und auch, dass es über die Meditationspraktiken der nestorianischen Mönche eine direkte Linie zu geben scheint von dort zu den Praktiken der Sufis. Ebenso können wir davon ausgehen, dass seit der Präsenz der nestorianischen Mönche in China im 7. Jahrhundert und in Indien irgendwann zwischen dem 1. und 4. Jahrhundert der Kontakt zu den anderen Formen der Meditation möglich war und dass es ihn möglicherweise auch tatsächlich gab. Doch das ist ein Forschungsfeld, das noch ganz im Fluss ist. Es ist heute noch viel zu wenig über das frühe zentralasiatische, chinesische und indische Christentum der voreuropäischen Zeit bekannt, als dass zu weitergehenden Schlussfolgerungen eine Berechtigung bestünde.

Die Erzählung nun beginnt folgendermaßen: „Ich, nach der Gnade Gottes ein Christenmensch, meinen Werken nach ein großer Sünder, meiner Berufung nach ein heimatloser Pilger, niedersten Standes, pilgere von Ort zu Ort. Folgendes ist meine Habe: auf dem Rücken trage ich einen Beutel mit trockenem Brot und auf der Brust die Heilige Bibel; das ist alles." Solche Pilger durchzogen Russland und den Vorderen Orient im 19. und zu Beginn des 20. Jahrhunderts zu Tausenden und Abertausenden. Wie die Mönche lebten sie asketisch. Von den meisten Mönchen unterschied sie aber ihre völlige Besitzlosigkeit, da sie für ihren Lebensunterhalt nicht einmal auf einen kollektiven Klosterbesitz zurückgreifen konnten. Auch Leo Tolstoi versuchte sich einmal als Pilger mit dem Ziel Jerusalem.

Der berühmte Rasputin hinterließ uns eines seiner wenigen schriftlichen Werke zu seiner Jerusalempilgerschaft.

Eine russische Familie auf Pilgerschaft.

Viele der Pilger lebten wie die Mönche in der Tradition des Hesychasmus. So auch unser Pilger. Bei einer Feier der Liturgie hörte er das biblische „Betet ohne Unterlass!" aus dem 1. Thessalonicherbrief 5,17 und war davon so bewegt, dass er seitdem sich fragte, wie er dieses unablässige Beten wohl würde realisieren können. Ein Starez, also ein erfahrener geistlicher Lehrer aus dem Mönchsstand (bei den Griechen heißen diese Leute Geronten), wies ihn dann auf das Jesusgebet hin. Das sei das unaufhörliche Anrufen des göttlichen Namens Jesu Christi mit den Lippen, mit dem Geist und mit dem Herzen. Es sei ein unablässiges innerliches Gebet zu jeder Zeit, sogar im Schlaf. Der Starez lehrte ihn die Formel des Nikephoras Monachus: „Herr, Jesus Christus, erbarme dich meiner!" Zum Erlernen des Gebetes aber wies der Starez den Pilger auf das Lehrbuch Dobrotoljubie hin: „Es enthält die vollständige und genaue Wissenschaft über das unablässige innere Gebet", meinte der Lehrer zu seinem Schüler. Zwar sei die Bibel heiliger, doch „die Tugendliebe" sei wie das erforderliche Fernglas für den kurzsichtigen Verstand, das einem den Zugang zur erhabensten Leuchte ermögliche. Der Starez führte nun den Pilger in die Lehren einzelner Väter ein. Als besonderes Hilfsmittel schenkte er ihm eine Zählschnur. Dann wies er ihn an, zunächst dreitausend mündliche Jesusgebete pro Tag zu verrichten.

Die Zählschnur dient zum Zählen der Gebete. Sie wird von allen Mönchen benutzt, weil es die vornehmste Aufgabe der Mönche ist, unablässig zu beten; so versinnbildlicht sie die Leiter der Errettung. Die in sich geschlossene Schnur symbolisiert die Ewigkeit und das nie endende mönchische Gebet in der Welt. Auch außerhalb des Mönchtums, besonders in Kreisen der Pilger, ist die Zählschnur in Gebrauch.

Der Pilger lässt uns teilhaben an seinen Erfahrungen beim Erlernen: „Ich schloss die Augen, blickte mit dem Geist [d. h. mit der Einbildung] ins Herz und wünschte, mir vorzustellen, wie es in der linken Brust eingebettet liegt, und horchte aufmerksam auf sein Schlagen. Hiermit befasste ich mich erst je eine halbe Stunde etliche Male im Verlauf des Tages; anfangs merkte ich nichts als Dunkelheit; alsdann stellte sich mir das Herz sehr bald dar, und desgleichen die Bewegungen, die darin vorgingen; des weiteren begann ich, das Jesusgebet zusammen mit dem Atem ins Herz ein- und wieder herauszuführen, so wie es der heilige Gregorius der Sinaite, auch Kallistus und Ignatius lehren, d. h. geistig ins Herz blickend und die Luft einziehend, stellte ich mir vor und sprach: Herr Jesus Christus, – und dann die Luft wieder herausstoßend: Erbarme dich meiner. Anfangs beschäftigte ich mich damit eine Stunde, vielleicht auch zwei, dann je weiter ich fortschritt, setzte ich die Übung häufiger fort." Natürlich begleitete den Pilger die fundamentale Anweisung Symeons des Neuen Theologen. „Sei nur still und habe Geduld und wiederhole diese Beschäftigung nur recht häufig."

Späterhin belehrt der Pilger einen Gefährten noch eingehender und rät ihm, beim ersten Schlag des Herzens „Herr" zu denken, beim zweiten „Jesus", beim dritten „Christus", beim vierten „erbarme dich", beim fünften „meiner". Der Pilger selbst kann der ersten Anordnung des Starzen, dreitausend Gebete pro Tag zu sprechen, sehr bald nachkommen. Nach zehn Tagen wurde die Zahl der zu verrichtenden Gebete auf zwölftausend Gebete pro Tag gesteigert. Dem Pilger gelang auch dies. Nun erhielt er vom Starez die Erlaubnis, das Gebet so oft zu verrichten, wie er es wolle, so viel ihm möglich sei, ohne Zahl. Möglichst alle wachen Stunden solle er dem Gebet widmen. Als der Starez gestorben war, kehrte der Pilger zu seiner Existenz als nichtsesshafter Wanderer zurück. Als er einmal als Wächter in einem Gemüsegarten zwei Rubel verdient hatte, beschloss er, dieses Geld zu verwenden, um sich selbst ein Exemplar der „Tugendliebe" zu kaufen, aus der ihm sein Meister das Gebet gelehrt hatte. Doch in einem Laden verlangte man dafür drei Rubel. Zuviel für den Pilger, alles Handeln half nichts. Doch dann wies ihn der Geschäftsmann an einen Kirchenältesten, der ein altes Exemplar besäße und es ihm möglicherweise für zwei Rubel abträte. Tatsächlich erhielt der Pilger das alte und zerlesene Exemplar dort für zwei Rubel. „Ich flickte es notdürftig zusammen, nähte es in einen Lappen ein und legte es in meinen Beutel neben die Bibel. So ziehe ich nun meiner Wege und verrichte das Jesusgebet, das mir wertvoller und süßer ist als alles andere in der Welt. Mitunter gehe ich meine siebzig Werst [1 Werst sind 1,067 Kilometer] am Tag, manchmal auch mehr, und fühle gar nicht, dass ich gehe, ich fühle aber nur, dass ich das Gebet verrichte. Fährt mir eisige Kälte durch die Glieder, so beginne ich das Gebet angespannter herzusagen und bin vollkommen erwärmt. Martert mich der Hunger, so rufe ich den Namen Jesu Christi häufiger an und vergesse, dass ich essen wollte. Bin ich krank oder fühle ich ein Reißen im Rücken und in den Beinen, so beginne ich, auf das Gebet hinzuhorchen und spüre den Schmerz nicht mehr. Wenn mich jemand beleidigt, so denke ich nur daran, wie süß das Jesusgebet ist, sogleich ist die Kränkung und aller Zorn geschwunden, und ich habe alles vergessen. Ich bin gleichsam närrisch geworden; um nichts sorge ich mich mehr. Zwar habe ich das unablässige, selbsttätige innere Gebet im Herzen noch nicht erlangt, doch danke ich Gott, denn ich verstehe jetzt klar, was das Wort bedeutet, das ich in der Epistel hörte: Betet ohne Unterlass!"

Nun also begann der Pilger die „Tugendliebe" selbst zu studieren. Dazu zog er sich, um möglichst ungestört zu sein, in die Wälder Sibiriens zurück. Hier gelang es ihm endlich, die Worte des Jesusgebetes mit dem Schlagen des Herzens in Einklang zu bringen. Über das dabei auftretende Wärmegefühl suchte er sich durch die Lektüre in der „Tugendliebe" Klarheit zu verschaffen. Als ihm eines

Nachts sein alter Meister im Traum erschien, wies der ihn an, nicht unbedingt der „theologischen" Anordnung der Schriften im Buch zu folgen. Als nicht gelehrter Mensch solle er folgende Reihenfolge einhalten: Zunächst lese er das Buch des Mönches Nikephorus (also das Buch jenes geistlichen Lehrers, dessen Formel des Jesusgebetes er erlernt hatte); dann lese er das Buch des Gregorius Sinaita; von Symeon dem Neuen Theologen möge er die Schrift über die drei Arten des Gebetes und die Schrift über den Glauben lesen, und zuletzt das Buch des Kallistus und Ignatius. In diesen wenigen Vätern sei schon eine vollständige, für jedermann verständliche Lehre über das Herzensgebet enthalten. Wenn das aber noch zuviel sei, wenn also doch eine leichtere und verständlichere Belehrung vonnöten sei, so genüge das, was der Patriarch Kallistus im vierten Teil seines Buches in Kürze über das Gebet sage.

Diese didaktischen Hinweise, die hier in das Mysterium nächtlicher Anweisung gehoben werden, machen eines ganz deutlich: Hier wird die Meditation des Herzensgebetes herausgenommen aus ihrem theologischen und philosophischen Umfeld, herausgenommen auch aus der Welt des Mönchtums, und hineinverpflanzt in die Lebenswirklichkeit ungelehrter russischer Menschen, die weder Mönche noch Theologen waren. Das Herzensgebet wurde zu einer Angelegenheit vieler russisch-orthodoxer Christen. Fortan praktizierten es nicht nur Pilger, sondern unzählige Menschen unterschiedlichsten Standes, allerdings immer in Rückbindung an einen geistlichen Lehrer, der dem Mönchtum entstammte. Das ist noch heute in den orthodoxen Kirchen so: Ohne seelsorgerlichen Lehrer aus dem Mönchtum kein Herzensgebet.

Der Pilger verfuhr nun nach den Anweisungen seines Meisters. Das hatte Folgen. Im Geiste stellte sich innere Ruhe ein. Im Gefühl empfand er eine Erwärmung des Herzens. In dem, was sich ihm erschloss, sah er geradezu eine Erleuchtung der Vernunft. Ein vertieftes Eindringen in die Schrift und ein Verstehen des Geistes der Schöpfung taten sich ihm auf. Schließlich nahm er verblüfft wahr, dass das Jesusgebet sich ganz von selbst vollzog. Sein Geist und sein Herz verrichteten es nicht nur im wachen Zustand, sondern auch im Schlaf. Auf der erneut langen Wanderung durch Sibirien nach Irkutsk stellte er dann fest: „Wenn ich irgendeine Arbeit vorhabe und das selbsttätige Gebet im Herzen wirkt, geht die Arbeit schneller von der Hand; wenn ich aufmerksam hinhorche oder lese, hört das Gebet doch nicht auf, und ich fühle gleichzeitig sowohl das eine wie das andere, als wäre ich gleichsam gespalten oder als hätte ich zwei Seelen in meiner Brust. Mein Gott! Wie geheimnisvoll ist doch der Mensch!"

Theologischer Streit um die Göttlichkeit des Namens

Die dem Herzensgebet zugrunde liegende Theologie wurde im 14. Jahrhundert feierlich von der Ostkirche als Ausdruck der Orthodoxie angenommen. Dem ging ein heftiger Streit voraus. Ein Mönch Barlaam (nach 1250–1348), ein gelehrter Mann, Professor an der Universität in Konstantinopel, der Petrarca in die griechische Sprache einführte, Abt des Soter-Klosters der byzantinischen Reichshauptstadt, stieß sich an dem, was ihm wie Selbstsicherheit der Mönche erschien, die das Herzensgebet praktizierten. Er hielt sie für theologisch ungebildet. Von einem angehenden Mönch erfuhr er Näheres zur Gebetspraxis und zur Schau des Taborlichtes als dem spirituellen Schlüsselerlebnis dieses Weges. Das alles erschien ihm bedenklich. Er begann gegen die Mönche zu polemisieren. „Leute, die ihre Seele im Nabel haben" (Omphalopsychoi), nannte er sie, oder kurz: Nabelseelen.

Die Mönche wurden nun theologisch von Gregorius Palamas († 1359) verteidigt. Den Vorwurf der Unwissenheit der Mönche parierte Palamas mit der Unterscheidung von göttlicher Weisheit und griechischer Philosophie. Auf die Anfrage, ob es schlecht sei, den Geist in den Körper hineinzuleiten, antwortete er, der Körper sei an sich nicht schlecht. Dann erörtert Gregorius den Fragenden die hesychastische Methode. Zuletzt spricht Palamas über die Vereinigung des Menschen mit Gott, die Vollendung in Christus, das Licht, die Verklärung, die Glückseligkeit. Da Gott Licht sei, manifestiere er sich im reinen Geist wie in einem Spiegel, wobei er selbst unsichtbar bleibe. Seele und Leib hätten teil am Glück der Union (Henosis) und Vergöttlichung (Ektheosis), mit der Gott dann in der Seele einwohne. Was dem Hesychasten da als Licht erscheine, sei das Licht des Tabors, also das Licht der mit ihrem Herrn auf dem Berg Tabor verklärten Jünger. Gott sei zwar unzugängliches Wesen, aber seine Energien wirkten in die Welt hinein.

Die Ostkirche entschied sich also für die Lehre des Gregorius Palamas und gegen die des Aristotelikers Barlaam. Etwas holzschnittartig ließe sich sagen: Während im Westen die Mystik stets Verurteilungen ausgesetzt war (etwa im Blick auf Meister Eckhart) wurde sie im Osten die kirchentragende Theologie; während der Westen sich der Scholastik verschrieb, wurde diese Lehrgestalt im Osten aus der Mitte der Kirche herausgedrängt.

Ab dem Jahr 1907 kam es dann zu einer theologischen Kontroverse, die bis heute nicht gänzlich abgeschlossen ist. Der russische Mönch Hilarion, der Ende des 19. Jahrhunderts einige Zeit im Panteleimon-Kloster auf dem Berg Athos gelebt hatte und der sich anschließend in die Einsamkeit der Berge des Kaukasus in ein Ablegerkloster in der Nähe von Suchumi, in das Metochion Simon des Kanaanäers, zurückgezogen hatte, legte in seinem Buch „Auf den Bergen des Kaukasus" seine Sicht des Jesusgebetes dar und sprach darin von der göttlichen „Mitgegenwart". Das Buch erschien in erster Auflage 1907, in zweiter 1910, in dritter Auflage schließlich 1912 im Höhlenkloster in Kiew. Es wurde von einfachen Christen intensiv gelesen und wurde ein richtiges Volksbuch über das Jesusgebet, weil es so etwas wie ein Auszug des Dobrotoljubie ist.

Doch das Buch erregte Widerspruch. Im dritten Kapitel vertrat Hilarion die Meinung, dass der im Jesusgebet angerufene Name des Herrn Gott selbst sei. Im Namen Jesus sei Gott selbst bezeichnet. Es sei doch jedem einsichtig, dass man den Namen des Herrn Jesus Christus nicht von seiner heiligsten Person trennen könne. „Im Namen Gottes ist Gott selbst zugegen", hatte die schlichte Erkenntnis des Hilarion geheißen. Der Name Jesu könne unmöglich von seiner Person abgetrennt werden. Das Erfühlen des Herrn und seines Namens verschmelze zur Identität im Hesychasten. Es sei unmöglich, das eine vom anderen zu unterscheiden. Dabei stütze sich der Hesychast nicht auf Verstandeserwägungen, sondern auf sein vom Geist des Herrn durchdrungenes Herz. Ein Hesychast könne bezeugen, dass Jesu Name nicht trennbar ist von seinem heiligsten Wesen, sondern mit ihm eins sei. Das Herzensgebet aber versetze in die nahe Vereinigung mit dem Herrn. Im Namen „Jesus" sei das ewige Leben, in ihm sei Gott gegenwärtig im Herzen der Hesychasten wie in einem Tempel. Unter Berufung auf den 1. Johannesbrief 5,10 lehrte Hilarion bezüglich des vom Geist des Herrn durchdrungenen Empfindens des Herzens:

„Das ist die Empfindung der gnadenhaften Mitanwesenheit des Herrn Jesus Christus im Herzen, das heißt in der Kirche des inneren Menschen, überzeugend vernehmbar und spürbar. Wer in sich den inneren Gottesdienst des Jesus-Gebetes vollzieht, erkennt in seinem Herzen Seine rettende Mitanwesenheit, Sein Leben und sogar, wenn man sich so ausdrücken kann, Seinen Atem. In diese ganz enge Einheit mit dem Herrn versetzt uns gerade das Jesus-Gebet. In diesem Namen ist das ewige Leben, denn in Ihm ist und bleibt der ewige Gott Selbst anwesend."

Der Ökumenische Patriarch Joachim III. (amtierte 1878–1884, 1901–1912) verurteilte in seinem Schreiben vom 2. September 1912 diese Lehre als gotteslästerlich; die Theologische Schule von Chalki folgte mit einem Gutachten am 30. März 1913, der Heilige Russische Synod am 18. Mai 1913. Der Name sei nur ein Name, nicht Gott selbst. Er sei Benennung des Gegenstandes, aber nicht der Gegenstand selbst. Zunächst wurde der nicht zu den Namensverehrern zählende Abt Hieronymos im Andreas-Kloster auf dem Athos abgesetzt und durch den Namensverehrer und Priestermönch David ersetzt. Der russische Konsul in Thessaloniki wurde um Vermittlung gebeten, schließlich der russische Botschafter in Istanbul eingeschaltet. Am 9. Juli 1913 wurden zunächst 621 russische Mönche vom Berg Athos abtransportiert, am 17. Juli weitere 212. Der durch Matrosen gewaltsam durchgeführte Abtransport auf dem Kanonenboot „Donez" vom Athos nach Odessa in Anwesenheit des Erzbischofs Nikon im Auftrag des Heiligen Synod leitete den Niedergang des russischen Mönchtums auf dem Berg Athos ein.

Doch fand die Lehre weiterhin bedeutende Verfechter (z. B. im Theologen und Philosophen Sergej Bulgakow), die für ihre Rechtgläubigkeit vehement eintraten und eintreten. In der Wissenschaft wird davon ausgegangen, dass sich auf dem Landeskonzil von 1917/18 eine Mehrheit für die Verehrung des Namens gefunden hätte, wäre die Synode noch bis zu diesem Tagesordnungspunkt gediehen.

Im theologischen Streit um die Göttlichkeit des Namens Jesu geht es um ganz fundamentale theologische Fragestellungen. Zunächst um das Bemühen, eigene spirituelle Erfahrungen und Betrachtungen weiterzugeben: Hilarion und die, die ihm folgten, wollten die Übung des Jesus- oder Herzensgebetes in den Zusammenhang der kirchlichen Lehre eingefügt wissen. So ist die Hauptthese seines Buches zu verstehen:

„Für jeden treuen Diener Christi, der seinen Gebieter und Herrn liebt, der eifrig zu ihm betet und seinen heiligen Namen andächtig und liebevoll in seinem Herzen trägt, ist sein alles schaffender, anbetungswürdiger und allmächtiger Name gleichsam er selber – der alles lenkende Herr-Gott und unser kostbarster Erlöser Jesus Christus, vor allen Zeiten vom Vater geboren, mit ihm eines Wesens und ihm in allem gleich."

Inwieweit gehört der Name zum Wesen Gottes? Und wie ist die Doppelrichtung der klassischen Gebetsformel „Herr Jesus Christus, Sohn Gottes, erbarme dich über mich Sünder!" theologisch zu verstehen?

Schon in der zweiten Auflage seines Werkes musste Hilarion auf die Argumente seiner Gegner reagieren: „Der Name Jesu dürfe nicht vergöttlicht werden, er diene nur als Mittel zur Einigung mit dem Herrn. Göttlich sei nicht der menschliche Name Jesu, sondern nur der seine Gottheit bezeichnende Name ‚Sohn Gottes'." Die Kritiker verwiesen so auf die zwei Naturen Jesu, die menschliche und die göttliche. In der Begegnung seien Göttliches und Menschliches also auseinanderzuhalten. Es geht um das Verhältnis von Schöpfer und Geschöpf, um Einheit und Verschiedenheit von göttlicher und menschlicher Natur in der einen Person des Gottmenschen Jesus Christus, um die ontologische Zuordnung von Göttlichem und Menschlichem. Erkenntnistheoretisch geht es um die Zuordnung von Sein und Bewusstsein, von Zeichen und Bezeichnetem.

Vor diesem Hintergrund wurde die Göttlichkeit des Namens Jesu entweder bestritten oder verteidigt. Die Namensverehrer bezeichneten sich selbst als „Bekenner des Namens unseres Herrn Jesu Christi". Die Gegenseite bezeichnete sie zumeist schlicht als „Namensvergotter". Die Selbstbezeichnung geht von einer der Herrlichkeit des Namens entsprechenden Verherrlichung des Namens aus. Im Wesen des göttlichen Namens ist begründet, dass er Gegenstand der Verehrung ist. Die Gegenseite kann in solchen Behauptungen nur menschliche Einbildungskraft am Werk sehen, eine menschlichen Vorstellungen gemäße Vergottung.

So ist die entscheidende Frage: Ist das Göttliche im Namen enthalten und darum zu verehren? Oder wird das Göttliche aus menschlicher Einbildung und mithin zu Unrecht auf den Namen übertragen? Ihre Gegner bezeichneten die Namensverehrer daher als Bekämpfer der Göttlichkeit des Namens. Das war konsequent von ihren Voraussetzungen her gedacht. Während des Streites ging es dann wesentlich um die Frage der Bestimmung des Verhältnisses von Wesen (gr. „Ousia") und Wirken (gr. „Energeia").

In Gestalt von Bekenntnissen fanden die Namensverehrer einen angemessenen Ausdruck für ihre Position: „Wir, die unten unterzeichneten Mönche der Heiligen Skiti [Mönchssiedlung] vom hl. Andreas auf dem Heiligen Berg glauben übereinstimmend mit der katholischen Orthodoxen Kirche an unseren wahren Herrn Jesus Christus; daher bekennen wir auch von seinem heiligen Namen, dass er heilig sei aus sich selbst und dass er Gott selbst sei, untrennbar von dem Herrn, wie es viele heilige Väter bekennen." Die Identität von Wesen und Namen, von Wesen und Erscheinung wird stets herausgestellt: „Der Name Jesu ist Gott. Die auf dem Berg Tabor von den Aposteln gehörten Worte sind Gott selbst. Die auf dem Sinai von den Israeliten gehörten Worte sind Gott selbst. Und jedes Wort in dem Evangelium ist Gott selber." Erfahrung und Offenbarung werden dennoch auseinander gehalten. „Daher, sooft wir Seinen allheiligen und göttlichen Namen, nämlich Jesus Christus, aussprechen, fühlen wir die unsichtbare Gegenwart des Herrn und Gottes und unseres Heilandes Jesu Christi selbst, der zweiten Person der Heiligen Dreifaltigkeit. Wir trennen aber nicht Seinen Namen von einem Wesen, noch vermischen wir ihn."

Die Unterscheidung von Wesen und Wirkung, Ousia und Energeia, sollte in der orthodoxen Tradition sicherstellen, dass dort, wo Gott in der Welt handelt, er auch in seinem Wesen gegenwärtig ist, ohne jedoch damit in seinem Wirken aufzugehen. Das Wirken gehört zu seinem Wesen, ist aber nicht sein Wesen. Der Name, in dem und mit dem gebetet wird, ist Gott, zu dem gebetet, der angerufen wird.

Übrigens wurde schon während des Streites etwa auf indische Parallelen hingewiesen. Im Inhalt des Gebets und durch den Namen wird aber das besondere Christliche herausgestellt. „Dass der Name des Herrn Jesus in die Tiefe des Herzens herabsteige und den Drachen, der das Feld beherrscht, erniedrige, die Seele aber heile und lebendig mache. Unablässig bleibe bei dem Namen des Herrn Jesus, damit das Herz des Herrn eintrinke und der Herr das Herz, damit die beiden eins werden. Und wiederum, trennt euer Herz nicht von Gott, sondern bewahrt und bewacht es mit dem Gedächtnis unseres Herrn Jesus Christus alle Zeit, bis der Name des Herrn inwendig in dem Herzen eingepflanzt ist und es keine anderen Gedanken mehr hege, auf dass Christus in euch groß werde."

Hier geht es um das, was einen Christen zum Christen macht: er wird nach dem Namen Jesu gerufen, mit dessen Namen er Gott als Vater anruft und so in der geistgewirkten Wirklichkeit christlicher Existenz zu stehen kommt. Dabei ist die Bitte „Erbarme dich über mich Sünder!" zugleich Bekenntnis, wie es schon die „Aufrichtigen Erzählungen eines russischen Pilgers" lehrten: „Die Größe des Jesusgebets enthüllt bereits seine Form, welche aus zwei Teilen besteht: der erste von diesen, d. h. ‚Herr, Jesus Christus, Sohn Gottes', führt den Sinn in die Geschichte des Lebens Jesu Christi ein oder, wie es die hl. Väter auszudrücken pflegen, ‚fassen in sich das ganze Evangelium zusammen', während der zweite Teil, d. h. ‚erbarme dich über mich Sünder', die Geschichte unseres Unvermögens und unserer Sündhaftigkeit darstellt."

Die Wirklichkeit des Menschen wird offenbar im Gebet, indem er sich zu Gott bekennt und Gott zu ihm, wo er sich in seinem auf Gott-Gerichtetsein in der Differenz zur Sprache bringt, um mit der Differenz die Wirklichkeit zu benennen, die ihn trägt und im Namen Jesu als Einheit von Gott und Mensch ausgesprochen ist.

Literaturhinweise:

Aufrichtige Erzählungen eines russischen Pilgers, Freiburg 13. Aufl. 2006.

Rachel und Alphonse Goettmann: In deinem Namen ist mein Leben, Freiburg 1993.

Schimonach Ilarion: Auf den Bergen des Kaukasus, Salzburg 1991.

Das Jesusgebet. Anleitung zur Anrufung des Namens Jesu von einem Mönch der Ostkirche, Regensburg 3. Aufl. 1980.

Heiliger Johannes vom Sinai: Klimax oder Himmelsleiter, Athen 2000.

Emmanuel Jungclaussen: Unterweisung im Herzensgebet, St. Ottilien 1999.

Philokalie der heiligen Väter der Nüchternheit, 6 Bände, Würzburg 2004.

Alfons Rosenberg: Die Meditation des Herzensgebets, o. O. 1983 (Centurie des Ignatius und Kallistus).

Alla Sellawry: Das immerwährende Herzensgebet, Berlin 5. Aufl. 2005 (Texte aus der Dobrotoljubie).

Igor Smolitsch/Matthias Dietz: Kleine Philokalie, Düsseldorf 2006.

Dumitru Staniloe: Gebet und Heiligkeit, Münsterschwarzach 1990.

Kallistos Ware/Emmanuel Jungclaussen: Hinführung zum Herzensgebet, Freiburg 2004.

Der Weg eines Pilgers, München 1994.

3. Geistliche Begleiter (Starzen)

Das Mönchtum ist in den orthodoxen Kirchen keine Zutat zum kirchlichen Leben, sondern seine Konzentration. Wie das Kloster im Kleinen die Kirche repräsentiert, so kommt dem Mönch bis in die Dogmatik hinein eine besondere Stellung zu. Johannes Klimakus drückte die Bezogenheit von Mönchen und Gläubigen dabei in einer klassisch gewordenen Formel aus: „Das Licht für den Mönch sind die Engel, das Licht für alle Menschen aber ist das mönchische Leben; deswegen sollen die Mönche danach streben, in allem ein gutes Beispiel zu geben." So kann es nicht verwundern, dass es dann die Mönche waren, die zu den wesentlichen Vermittlern des Herzensgebetes wurden. Aus ihren Reihen stammten nicht nur die Lehrer dieses Weges, sondern auch die Begleiter derer, die diesen Weg beschreiten wollten. Sie wurden sozusagen zu Vätern vieler Kinder, die sie auf dem Weg geistlichen Lebens gleichsam zeugten. „Was zwischen diesem geistlichen Vater und seinen geistlichen Kindern stattgefunden hat, das wissen nur diese allein, und ihr Vater im Himmel. Und Vater Isidor sprach von diesen Dingen zu keinem einzigen Menschen, auch nicht durch das leiseste Nicken des Kopfes." Was hier Pawel Florenskij von seinem geistlichen Vater, dem Starez Isidor sagt, ist die Grundvoraussetzung dafür, dass das Phänomen geistlicher Beratung in der Orthodoxie wohl immer wieder menschlichen Gefährdungen ausgesetzt war, aber nie unterging.

Die Starzen

Einer der großen Starzen des 20. Jahrhunderts, der Starez Johannes (Ioann) von Valamo, gibt in seinen erhaltenen Briefen Einblicke in seine Praxis geistlicher Begleitung. Am Anfang eines solchen Weges kann etwa ein Brief wie der folgende vom 4. August 1939 stehen, den er einem seiner

„Kinder" zusandte. „Ich habe deinen werten Brief bekommen, und man kann aus ihm ersehen, dass du begonnen hast, dich mit dem inneren geistlichen Leben zu befassen. Der Herr gebe dir Weisheit! Deine Bemerkung ‚vom Gebet soll man nichts erwarten', ist richtig. Beim Beten muss man sich wirklich ständig seiner eigenen Untauglichkeit bewusst sein und auch dann nicht etwas Großes von sich denken, wenn sich Wärme und Tränen einstellen. Die sollen kommen und gehen, ohne dass wir sie anstreben. Doch sei nicht traurig, wenn es nicht dazu kommt, anders geht es gar nicht. Das Gebet ist im geistlichen Streben das Schwerste, und immer, bis zum letzten Atemzug, ist die Anstrengung eines schweren Kampfes damit verbunden. Trotzdem gibt der Herr in seiner großen Barmherzigkeit dem Beter zur rechten Zeit Trost, dass dieser in seinem Streben nicht

Starez Ambrosi (1812–1891), Mönch und Abt im berühmten Kloster Optina, wirkte als geistlicher Berater vieler Intellektueller (Tolstoi, Dostojewskij, Solowjew) und Erforscher der Kirchenväterliteratur.

ermatte. Deine Regel [die Abfolge von Gebeten, Psalmen, Hymnen im Tageslauf] für das häusliche Gebet bestimme selbst je nachdem, wie viel Zeit du hast; es gibt keine Vorschriften dafür. Nur rate ich dir, nimm nicht zu viele Gebete in deine Regel auf, so dass du nicht zum Sklaven deiner Gebetsregel wirst und unter Zeitdruck gerätst."

Wie kann ich zum geistlichen Leben finden? So mag der Ratsuchende den Starez Johannes gefragt haben. Wer so fragt, dem wird ein Starez als Gegenüber „gegeben". Oft legen die Gläubigen weite Wege zurück bis zu dem Starez, von dem sie glauben, dass er der richtige für ihre spezielle Wesensart ist. Prinzipiell steht solch ein Gegenüber jedem Gläubigen offen. Es handelt sich bei den Starzen um geistliche Begleiter, die sich verantwortlich wissen für das Seelenheil ihrer Gläubigen. Die Begleiter sind nicht psychologisch geschult und werden auch nicht über ein offizielles Amt einer Kirche für ihren Dienst bestellt. Wer ein geistlicher Begleiter sein will, der wird das auch nicht aus freier Wahl, wie man einen Beruf wählen kann. Einen geistlichen Begleiter zeichnet aus, dass ihm das Vermögen für seinen Dienst zugewachsen ist durch eigene Erfahrung. In der Regel nehmen erfahrene Mönche diese Funktion wahr.

Das Urbild, auf das die heutige Praxis geistlicher Begleitung in der Welt des orthodoxen Christentums zurückgeht, ist das der Wüstenväter der Wüsten Ägyptens und des Sinai und ihres geistlichen Lebens. Noch heute orientieren sich viele geistliche „Väter" an diesem Urmodell und schreiben es in ihrer je eigenen Weise fort.

Das kann sich mit tief greifender Kritik an den kirchlichen Institutionen verbinden. Der Igumen (Klostervorsteher) Nikon, einer der bedeutenden Starzen Russlands im 20. Jahrhundert, ging schlicht davon aus, dass die Institutionen zur Ausbildung der Geistlichen etwa nur theoretische Kenntnisse über das Christentum vermittelten. Demgegenüber rief er einem seiner Schüler zu: „Gelange durch Erfahrung zu den Wahrheiten des Christentums!" Nur die Erfahrung führe zum Ziel: „Einzig die Erfahrung und der tatsächliche Umgang mit Christus verleihen den lebendigen, sehenden Glauben. Erworben werden sie mit viel Leid, Versuchungen, mit Fallen und Wiederauferstehen." Das wichtigste sei, stets das Reich Gottes zu suchen: „Wer durch Erfahrung in das Geheimnis des Christentums eindringen will, muss alle seine Kräfte auf das geistliche Handeln richten und soll nicht versuchen, alles nur mit seinem Intellekt zu verstehen."

Wenn sein Schüler in einer Vorlesung saß und nicht zuhören mochte, hatte er für ihn keine Ermahnung zu größerem Fleiß zur Hand, sondern die geradezu subversive Frage „willst du da nicht das Jesusgebet ‚üben'?" Immerhin aber verbindet Nikon das Ringen der Gläubigen mit der Taufe, in der der Mensch seine Persönlichkeit, sein Ich, das Ebenbild Gottes erhalte: „Aus dem Nichtsein ersteht ein neuer Mittelpunkt der Selbsterkenntnis, das Ich, welches sich selbst und die ganze Welt erkennt." Und auch der Mensch ist nicht das, als was er erscheint: „Die Menschen sind ihrem Wesen nach und im Grunde ihrer Seele alle besser als in ihrem sichtbaren Leben." Nikon hatte sich einst von der Psychologie versprochen, die Seele des Menschen erkennen zu können. Später hielt er diese frühen Bemühungen für naiv. „Wie viele Dummheiten macht man als junger Mensch, wenn einen niemand leitet und führt!" Erst die geistliche Begleitung durch einen erfahrenen Starez führt also zur Erkenntnis der Seele.

Dieses Modell individueller Begleitung, die große Spielräume ließ für die Gestaltung des geistlichen Lebens, hat eine über mehr als anderthalb Jahrtausende reichende Tradition. Der Darstellung der geistlichen Begleitung bei den Wüstenvätern liegen vorrangig die so genannten „Apophthegmata Patrum" zugrunde. Normalerweise wird der Titel mit „Aussprüche der Väter" übersetzt.

Als Apophthegma wird in der antiken Rhetorik ein treffender Ausspruch mit überraschender Pointe bezeichnet, der oft durch eine Frage veranlasst und von einer Information über Sprecher, Zuhörer und Situation umrahmt ist.

Solch ein Apophthegma kann mit einer Gleichnishandlung verbunden sein. Als rhetorische Form zielt es auf Beeinflussung, Belehrung oder Provokation der Zuhörer bzw. der Leser.

In dieser Form nun sind uns Aussprüche früher ägyptischer Mönchsväter des 4. und 5. Jahrhunderts überliefert. Das Material wurde zunächst mündlich tradiert, dann von fleißigen Redaktoren alphabetisch nach den Namen der Mönchsväter von Antonius bis Or in einer auf Griechisch in der ersten Hälfte des 6. Jahrhunderts entstandenen Sammlung, dem Alphabetikon geordnet. Die lateinische Parallelsammlung ist eine Übersetzung aus dem Griechischen aus der Mitte des 6. Jahrhunderts. Teilsammlungen existieren in koptischer, äthiopischer und armenischer Sprache. In ostsyrischer Sprache kam es auf der Grundlage vorangehender Traditionen zu einer umfassenden Neusammlung durch den Mönch Henanischo im 7. Jahrhundert.

Es handelt sich bei den Apophthegmata um Momentaufnahmen aus der Praxis geistlicher Begleitung. Wilhelm Bousset (1865–1920) sprach in seiner klassischen Studie von den Apophthegmata als einem „vorzüglichen Paradigma der Art und des Wesens mündlicher Überlieferung". Jedes Apophthegma sei „ein echtes Kind des Augenblicks, aus dem Moment geboren, den Moment festhaltend, ohne irgendwelche aufdringliche Tendenz, voller Lebendigkeit, mit der vollen Freude des Erzählers am Stoff erzählt".

Der geistliche Vater und Wegbegleiter

Geistliche Begleitung kann nur dort entstehen, wo es geistliche Begleiter gibt. Der geistliche Begleiter in der Wüste hieß „Abba". Abba: Dieses Wort hat Gewicht. Es hat nichts mit einem Abt westlichen Stils zu tun. Viele solcher Abbas lebten gleichzeitig nebeneinander und keiner war dem anderen institutionell vorgeordnet. Ein Abba ist in ganz prägnantem Sinn der „geistliche Vater", der Geistträger, der als solcher sich berufen weiß zu seinem Tun. Als Ziel seiner Berufung erstrebte er, den anderen Menschen ein Vorbild zu sein. Er lehrte also mittels des eigenen Lebensvollzuges und nicht aufgrund von Anweisungen für andere Menschen, die diese dann zu befolgen hätten. Deutlich belehrte Abba Poimen einen Mitbruder, dem seine Brüder antrugen, dass er ihnen befehlen möge: „Nein, werde ihnen ein Vorbild und kein Gesetzgeber!"

Seine Autorität bezog der Abba nicht aus ihm zustehenden Rechten, er bezog sie aus seiner charismatischen Begabung. Die erwies sich allein in seiner Geisterfülltheit und in seinen geistgewirkten Worten. Amma Theodora zeichnete einmal das Bild eines idealen Lehrers: „Der Lehrer muss fremd sein der Liebe zum Herrschen, fern von eitlem Ruhm, weit weg von Stolz, darf sich nicht aus Schmeichelei zum Gespött machen lassen, nicht verblendet werden durch Geschenke, sich nicht von der Esslust überwinden lassen, nicht vom Zorn mitgerissen werden. Sondern er muss großherzig sein, wohlanständig, über alles demütig, einsichtig und duldsam, mitfühlend und seelenliebend." Der Amma Theodora schwebten hier also besonders Tugenden im mitmenschlichen Bereich als Voraussetzung zum Lehrerdasein vor, gepaart mit einer Souveränität im Umgang mit den Mitmenschen. Zu den Qualitäten des Abbas als Lehrer des geistlichen Weges gehörten für Amma Theodora nicht die Fähigkeiten des Verstandes.

Was einen Abba zum Lehrer machte, waren seine menschlichen Qualitäten, nicht seine möglicherweise vorhandene Bildung, die übrigens die meisten als arme Söhne koptischer Bauern gar nicht hatten.

Zu diesen menschlichen Qualitäten gehörte, dass der Abba die Lebens- und Arbeitsbedingungen in der Welt selbst erlitten hatte. Lehren, was nur intellektuell erlernt, aber nicht am Leben erlitten wurde, war undenkbar. Amma Synkletika fängt diese Bedingung fürs Lehren mit einem Bild ein: „Es ist gefahrvoll, wenn einer lehren will, der nicht durch das tätige Leben hindurchgegangen ist. Wie wenn einer, der ein baufälliges Haus hat, Gäste aufnimmt und sie durch den Einsturz des Hauses beschädigt, so richten auch diejenigen, die sich nicht selbst zuerst auferbaut haben, jene zugrunde, die sich ihnen anschließen." Das hinfällige Kunstgebäude, das da einer allein aus Gedankenspielen auf andere türmt, begräbt schließlich nur die Armen unter sich, die nicht durchschauen, dass da ohne eigene Erfahrung gelehrt wird. Abba Poimen äußert sich ganz ähnlich: „Den Nächsten zu belehren ist Sache eines gesunden und leidenschaftslosen Menschen. Denn welch einen Sinn hätte es, das Haus des anderen zu bauen und das eigene niederzureißen?"

Das Handeln des Lehrenden ist so immer wechselseitig verankert. Einerseits beim Empfänger der Lehren, andererseits beim Lehrer. Abba Poimen kann da noch schlichter werden: „Ein Heuchler ist der, der seinen Nächsten eine Sache lehrt, zu der er selber noch nicht vorgedrungen ist." Abba Johannes unterstützt diesen Angriff auf falsche Lehrer mit dem Bekenntnis zu seinem Weg des Lehrens: „Ich habe keinen etwas gelehrt, was ich nicht vorher selbst getan hatte."

Geradezu Schrecken erregte es, wenn einer der Wüstenväter und geistlichen Begleiter aufgrund seiner weisen Leitung einen guten Ruf unter den Menschen bekam. „Wehe dem Menschen, dessen Name größer ist als sein Werk!", hieß da etwa die furchteinflößende Ermahnung des Abba Silvanos. Und Abba Motios zog daraus gleich die Konsequenz. Seiner Aufgabe könne der geistliche Begleiter nicht treu bleiben, wenn er sich selber einen Namen mache unter den Menschen: „Wenn du an einem Orte Wohnung nimmst, dann hüte dich, dir selber in irgendeiner Sache einen Namen zu machen. Denn das verschafft einen leeren Namen, und später wirst du darin Beschwernis finden. Denn wenn die Leute etwas Derartiges ausfindig machen, dann laufen sie dorthin!" Der Bruder möge lieber den anderen gleichen in seinem Wandel und mit ihnen sich auf gleiche Stufe stellen. Das bewahre ihn vor der Verirrung durch Beliebtheit bei den Menschen.

In allem gilt: Die eigene Erfahrung macht einen Lehrer. Lernen ist hier ein Lebens-, nicht ein Denkakt. Lernen geschieht hier am und im täglichen Leben, nicht so sehr im Bereich des Außergewöhnlichen und fast gar nicht anhand rationaler Einsichten.

Das ist also die fundamentale Grundbedingung jedes Lehrerdaseins und jeder Autorität: Die eigene Erfahrung! Die aber wächst stets weiter. Um auch hier wieder mit einem der Wüstenväter zu sprechen: „Die Erfahrung ist gut, denn sie belehrt den Menschen, der bewährt ist." Dieser Ausspruch Abba Poimens erinnert daran, dass der geistliche Vater und Lehrer nie allein ist. Das meint nicht all die Miterziehenden in Gestalt der anderen Väter und der Mitbrüder, es meint auch nicht den einen oder anderen Weltmenschen, von dem gelernt werden konnte. Es meint die Lehrer *in* ihm wie hier die Erfahrung, die belehrt. Palladius stellt einen weiteren Lehrmeister dieser Art dazu.

Im Blick auf Didymos den Blinden, einen der bedeutendsten der theologischen Lehrer Ägyptens, machte er solch einen weiteren „Lehrer" aus: „Er [Didymos] besaß aber einen von Natur aus bevorzugten Lehrmeister, nämlich sein eigenes Gewissen." Auch die Lehren aus der Lektüre der Bibel und dem Singen der Psalmen wirkten als innere Lehrer am Lernerfolg der Schüler mit, sobald diese Texte verinnerlicht waren.

Aber Erfahrung kann in die Irre gehen. Sie kann folgenlos bleiben, weil da die Substanz fehlt, an der sie haften bleiben könnte. Und Erfahrung braucht Zeit. Eile verdirbt alles Lehren. „Lehre nicht vor der Zeit, sonst wirst du dein ganzes Leben lang nicht verständig!" Aus dem vom Wüstenvater zurückgelegten Weg ergab sich seine Art der Geisteserfülltheit, sein Dasein als Träger des Geistes. Und da ähnelt kaum ein Vater dem anderen.

Damit man aber gar nicht darauf verfällt, zu glauben, dass Lehrersein dem Einsiedlerdasein gleichsam automa

Der Wüstenvater Abba Besarion.

tisch folgt, konnte einer der Wüstenväter diese Reihenfolge geradezu umkehren. „Wer als Einsiedler leben will, muss ein Lehrer sein und nicht einer, der der Lehre bedarf, denn sonst leidet er Schaden." Ein unerfahrener Mensch würde die Einsamkeit nicht schadlos für seine eigene Seele überstehen. Es bedarf einiger Erfahrung und Selbstwahrnehmung, einiger Weisheit und Reife, ehe der Mensch stark genug ist, sich der Einsamkeit zu stellen. Natürlich wollte der Greis, der dies sagte, nicht bestreiten, dass die Einsiedler Lehrer sind, aber er wollte verdeutlichen, dass das Einsiedlerdasein noch ein weiterer und schwererer Schritt ist zum Lehrerdasein. Das Einsiedlerdasein vertieft das Lehrerdasein und die Lehre, ruft beides aber nicht erst hervor.

Kein anderer Ausspruch charakterisiert so deutlich, was im Gespräch zwischen geistlichem Vater und Schüler geschah, wie der knappe Satz: „Ich habe zu dir gesprochen wie zu mir selbst!" An ihm wird deutlich, dass der Schüler für den Lehrer einer war wie er selbst und das, was äußerlich autoritär erschien, innerlich nichts weiter war als Teilhabe am innersten, worum beide Partner mit allen Fasern ihres Lebens rangen.

Das Herz erkennen

In welchen konkreten Verhaltensweisen aber äußert sich das Dasein als Lehrer, geistlicher Begleiter und geistliche Autorität? Zunächst ist man verblüfft, wie wenig da an konkreten Voraussetzungen greifbar wird. Aber angesichts der Fülle widersprüchlicher Leitbilder aus dem Kreis der Wüstenväter kann dieser Umstand nur noch bedingt verwundern. Und einige Eigenschaften werden dann doch immer wieder genannt. Die wohl bekannteste ist die intuitive Erkenntnis des Herzens des anderen, wie sie Abba Paulos gegeben war.

Palladius erzählt uns, wie es ihm erging, als er bei dem Leiter des Fremdenhospizes der alexandrinischen Kirche, dem Priester Isidorus, der ein langjährig erprobter Einsiedler gewesen war, anfragte, ob er ihn in das eremitische Leben einweihe. Isidorus nahm sich nicht selber des jungen Mannes an. Palladius erinnerte sich später einverständig mit der Maßnahme des Isidorus: „Da aber mein noch übersprudelndes jugendliches Alter weniger der Worte bedurfte als vielmehr dem Fleisch auferlegter Mühen, führte er mich wie ein kluger Fohlenbändiger aus der Stadt weg zu den so genannten ‚Einsiedeleien'." Wer den geistlichen Weg der Wüstenväter gehen wollte, der konnte damit schlecht in der Stadt beginnen. Mag die Stadt auch in einem abgeleiteten Sinn durchaus einer Wüste gleichen, sie führt nicht in die äußere und innere Konzentration, derer es bedarf, wenn man ganz am Anfang des Weges steht. Isidorus' Akt stellt sich als ein seelsorgerlich weiser Schritt dar, wie wir ihn überall treffen, wo Menschen sich geistlich auf den Weg machen.

Der intellektuell Geöffnete muss zurück zu sich selbst, und anstelle eines schnellen Höhenfluges beginnt ein mühsamer irdischer, geradezu körperlicher Weg. Und Isidorus war nicht zimperlich in der Wahl seiner Mittel, mit denen er dem ungestümen Interessenten sozusagen eine Abkühlung oder eine Ernüchterung zukommen ließ: „Isidorus übergab mich einem thebäischen Asketen namens Dorotheus, der bereits sechzig Jahre in seiner Höhle lebte, und befahl mir, drei Jahre bei ihm zu verbringen, um meine Leidenschaften zu bändigen. Er wusste nämlich, dass der Greis ein Leben in strengster Zucht führte; erst dann sollte ich, so trug mir Isidorus auf, wieder zu ihm zurückkehren, um geistige Unterweisung zu erhalten. Ich war jedoch nicht imstande, volle drei Jahre bei ihm zu verbringen; ich wurde krank und war gezwungen, vor Ende der drei Jahre von ihm wegzugehen, denn seine Lebensweise war streng und allzu hart."

Hatte sich Isidorus also in Palladius geirrt? Oder war gerade das von ihm beabsichtigt gewesen, dass Palladius seine Grenzen kennen lernen oder gar gezähmt werden sollte? Wir wollen es dahingestellt sein lassen. Deutlich ist, hier vollzieht sich ein Akt des Lernens. Dabei delegiert der Lehrer sozusagen den anstehenden Lernschritt an einen Mitbruder, der im Blick auf das, was dem Lehrer für seinen Schüler not zu tun scheint, ausgewiesenermaßen profiliert ist. Palladius berichtet uns nämlich, wie Dorotheus bis ins hohe Alter schwerste Arbeiten verrichtete: „Warum tötest du in deinem hohen Alter deinen Leib in solcher Sonnenglut ab?", fragte der Schüler seinen Lehrer. „Er tötet mich, und so töte ich ihn!", lautete die nur scheinbar schiefe, gerade darum aber tiefe Antwort des Lehrers.

Was Palladius hier von Isidorus mitteilt, dass dieser nämlich (als Palladius ihm sein Ansinnen vorgebracht hatte) wusste, was dem jungen Mann da vor ihm not tat, findet sich immer wieder bei den Wüstenvätern. Da erkennt ein Vater beispielsweise die psychischen Bewegungen bei seinen Schülern an deren körperlichen Phänomenen, erweist sich also als im Bereich der Psychosomatik erfahren. Das Erkennen des Herzens im anderen, die Herzenserkenntnis, scheint damals ausschließlich eine intuitive Erkenntnis gewesen zu sein. So achtete Abba Paulos bei jedem, der zur Liturgie in die Kirche kam, darauf, in welcher oder mit welcher Seelenverfassung er kam: „Es war ihm nämlich vom Herrn die Gabe gewährt, dass er jeden sehen konnte, wie er in der Seele war, so, wie wir einander ins Gesicht schauen."

Da sind wir also bei einer der grundlegenden Voraussetzungen für jede geistliche Begleitung. Diese Voraussetzung stellt sich überhaupt nur bei dem ein, der sich dem eigenen Selbst aussetzt. Das aber kann man kaum irgendwo in so geeigneter Weise wie in der Wüste. „Die Altväter der Vorzeit begaben sich in die Wüste und machten nicht nur sich selber gesund", meinte Abba Antonios, „sondern wurden auch noch Ärzte für andere." Die Fähigkeit zur geistlichen Begleitung kommt nicht durch willentliche Anstrengung. Wer sie will, für den ist sie schon dahin. Fähigkeit zur Begleitung erwächst nur über die Konfrontation mit sich selbst, dadurch, dass einer sich ganz den Gedanken und Gefühlen seines Herzens aussetzt, um mit sich ins Reine zu kommen.

Da dies immer ein Wagnis ist, da niemand weiß, wie dieser Kampf ausgeht, kann ihn auch niemand zu anderen Zwecken suchen. Schon gar nicht, um andere zu heilen. Das steht ihm nicht zu: „Wenn aber von uns einer in die Wüste geht", sagt Abba Antonius und meint dabei mit dem „uns" sich und die Wüstenväter um ihn herum, „dann will er andere früher heilen als sich selbst." Aber so geht das natürlich nicht. Hier gibt es nicht eine medizinische oder psychologische Technik, die unabhängig vom eigenen Erkenntnisstand, unabhängig vom eigenen Mit-sich-selber-Sein angewandt werden könnte. Hier zählt nur das Sein von Person zu Person, von Mensch zu Mensch, von Erfahrung zu Erfahrung. Wer anders an diesen Weg herangeht, zu dem kehrt, wie Abba Antonius sagt, seine Schwäche zurück – „und unsere letzten Dinge werden ärger als die ersten", meint der Wüstenvater warnend. „Daher heißt es für uns: Arzt, heile dich vorher selber."

Was für ein Satz: Arzt, heile dich vorher selber! Tief stößt es den Einzelnen in sich hinein, auf sich zurück, schneidet ihm die Flucht zu den anderen und auf Ausweichfelder ab. Geistliche Begleiter im Sinne der Wüstenväter sind also Menschen, die am eigenen Leib erfahren haben, wie angewiesen sie sind auf Heilung, Reinigung, auf Selbstkonfrontation.

Erfahrung meint auch tatsächlich Erfahrung. Ein Umgehen der Erfahrung durch den Weg des Denkens, der ohne die Mühen eines ganzheitlichen Lebens meint zum Ziel zu kommen, ist für die geistliche Begleitung keine Empfehlung. Die geistige Bildung steht sogar in einem gewissen Spannungsverhältnis zum geistlichen Leben. „Wie kommt es, dass wir Abkömmlinge einer solchen Bildung und Weisheit nichts besitzen, diese Bauern und Ägypter aber solche Tugenden erworben haben?", fragt einmal Evagrius den Vater Arsenius. Er bekommt vom Abba die Antwort: „Wir haben nichts von der weltlichen Bildung, diese Bauern und Ägypter haben sich durch ihre eigenen Mühen die Tugenden erworben." An anderer Stelle erhärtet sich die Wahrnehmung, dass Arsenius stellvertretend für die Seinen wusste, dass die Wüstenväter etwas anderes waren als die gebildeten griechischen Mönche, die es damals auch gab. Auf die Frage, wie er, der griechische und römische Bildung besitze, solche Bauern über seine Gedanken befragen möchte, antwortete er: „Römische und griechische Bildung besitze ich. Das Alphabet dieses Bauern habe ich aber noch nicht gelernt."

Das Lernen im geistlichen Leben ist also nicht ein Lernen des Verstandes anhand eines Lehrbuches, sondern ein Lernen am Leben selbst. Dem entspricht auch, dass uns keiner der Wüstenväter etwas Schriftliches hinterlassen hat.

Wir dürfen uns die Wüstenväter nicht nach dem Modell heutigen Mönchtums und nicht in festen Klöstern vorstellen. Palladius berichtet über einen von den Wüstenvätern bevölkerten Berg: „Auf dem Berg wohnen gegen fünftausend Männer, deren Lebensweise aber ganz verschieden ist, jeder lebt so, wie er kann und wie er will. Man kann allein oder zu zweit bleiben oder in Gemeinschaft von vielen." Kurzum: das erscheint alles ziemlich ungeordnet.

So individuell die Eremiten lebten, so individuell sind auch ihre überlieferten Aussprüche. Sie widersetzen sich einem allzu systematisierenden Zugriff. Dafür geben sie in ihrer Gesamtheit mit greifbarer Lebendigkeit in einigen kleinen Momentaufnahmen das Leben und Treiben der asketischen Mönche wieder. Wir sehen sie vor Augen: in der Einsamkeit der Zelle, beim gegenseitigen Besuch, in geistigem Gespräch vertieft, wir erleben sie streng und nachsichtig, auf die Sache konzentriert und auch zu Scherzen aufgelegt, in ehrerbietiger Demut gegenüber dem Meister und ausgelassen lachend.

Der schon erwähnte Wüstenvater Paulos also „betrachtete jeden der in die Kirche Eintretenden, mit welcher Seelenverfassung er zur Versammlung komme." Für einen Menschen, der so transparent lebte wie Abba Paulos ist dieses Sich-ins-Gesicht-Schauen sicher nichts Außergewöhnliches gewesen. Doch in der Geschichte ist dann kaum eine Gabe so oft Opfer der Anmaßung geworden wie die Erkenntnis des Herzens. Hier war das Einfallstor für Missbrauch. Menschen wurde eingeredet, ihr Gegenüber kenne sie besser als sie sich selbst. Abhängigkeiten wurden bewusst genährt.

Die Väter der Wüste aber lebten und teilten schlicht, was ihnen aufgrund ihrer Selbsterfahrung gegeben war. Diese Voraussetzung und deren Grenzen ließ sie durchaus zuweilen den verfehlen, der sich übte und sie deshalb befragte. „Viele Leidenschaften sind in unserer Seele verborgen, sie lassen sich nicht von unserem Bewusstsein erkennen. Erst die Versuchung offenbart sie uns." Abba

Antonius unterrichtete den Abba Poimen sogar davon, dass es nur den Weg durch die Versuchungen hindurch gebe: „Keiner kann unversucht ins Himmelreich eingehen. Nimm die Versuchungen weg, und es ist keiner, der Rettung findet." Ein Altvater machte entsprechend die Verirrung schließlich einmal zur Voraussetzung geistlichen Lebens: „Wenn du nicht vorher gehasst hast, kannst du nicht lieben." Die Väter waren also im Kampf mit den Versuchungen erprobte Menschen. Und natürlich gingen sie aus diesen Kämpfen nicht einfach stets als Sieger hervor. Zwar beteten sie um die Kraft und die Geduld für den Kampf, aber sie wussten auch um die Früchte der Niederlagen. Dem scheinbar in Versuchungen stets siegreichen Johannes Kolobos riet ein Alter: „Geh und rufe Gott an, dass ein Feind gegen dich aufsteht, und so auch die alte Zerknirschung und Demut, die du früher hattest, wieder zurückkehrt. Denn gerade durch die Anfechtung macht die Seele Fortschritte."

So sehr die Versuchungen zu fürchten sind, so fatal sind die Folgen ihres Ausbleibens. Da wächst eine gefühlsmäßige Unempfindlichkeit. Amma Synkletika zog daraus einen einleuchtenden Schluss: „Je mehr Fortschritte die Wettkämpfer machen, desto stärker müssen die Gegenspieler sein, mit denen sie kämpfen." Gerade der, der von sich meint, er sei zum Lehren erwählt, ist schon der Versuchung erlegen. Antonius schärfte seinen Schülern ein, dass sie mit Versuchungen rechnen müssten „bis zum letzten Atemzug". Wenn aber der Betroffene nicht der Versuchung erlegen sei, sondern ihr standhaft trotze, dann gleiche er einem Baum. Wenn der Baum nicht von den Winden geschüttelt werde, wachse er nicht und bekomme keine Wurzeln. Analog: Wer nicht versucht werde und Versuchungen nicht ertrage, der werde nicht reif.

Es versteht sich, dass solche Lehren nicht ohne Einsatz des eigenen Lebens zu haben waren und zu haben sind. Dabei können Lehren bei anderen sogar bewirken, was der

Lehrende selbst nur aus Einsicht, Erkenntnis oder Wissen sagt, selbst aber für sich ungelebt und unpraktiziert sein lässt: „Ein Mensch, der lehrt, aber nicht tut, was er lehrt, gleicht einer Quelle: alles bewässert und reinigt sie, nur sich selbst vermag sie nicht zu reinigen."

Das betrifft selbst so heikle Bereiche wie die Sexualität. Zahlreiche Geschichten zeugen so beispielsweise davon, dass ein Wüstenvater sich mit einer Frau einließ und ein Kind zeugte und so der Versuchung erlag, die ihn aber nicht heraustrieb aus seiner Bahn, sondern im Gegenteil ihn noch weiter vorwärts auf sie setzte. Selbst die Unzucht mit Knaben findet sich da, und der moderne Leser muss erstaunt feststellen, dass der dieses Gewahrende seinen Mitbruder nicht rügt. Der Alte, der seinen Mitbruder mit dem Knaben „sündigen" sah, sprach, statt ihn zu verurteilen: „Wenn Gott, der sie gebildet hat, sie nicht mit Feuer verbrennt, wer bin dann ich, dass ich sie tadle?" Dabei waren solche Verhaltensweisen damals sicher nicht weniger anstößig, als sie es heute sind. Verbote wie das des Abba Matoe: „Habe keine Freundschaft mit einem Knaben und keine Bekanntschaft mit einem Weib" dürften ihre Entstehung gerade den Missständen unter den Mönchen in diesen Bereichen zu verdanken haben.

So zeigen die Überlieferungen der Abbas, die den Betrachter hin und her reißen, einerseits unglaubliche Fähigkeiten, mit sich allein zu sein und sich in seinen Untiefen und Abgründen auszuhalten, andererseits verblüffende Anfälligkeit für Versuchungen und mehr als einmal Versagen an ihrer verantwortungsvollsten Aufgabe, den Schülern. In den Versuchungen aber stärkten und erweiterten sie ihre Kenntnis von den Gründen und Abgründen des Herzens und von daher ihre Fähigkeit, anderen ins Herz zu schauen und auf den Grund der Seele.

Unterscheidung der Geister

Eine Folge der Fähigkeit der Erkenntnis des Herzens ist die der Unterscheidung der Geister. Amma Synkletika lehrte ganz allgemein für alle auf dieser Bahn: „Wir müssen unsere Seele mit der Unterscheidungsgabe leiten." Also auch hier setzt der Lernprozess bei einem selbst an. Es ist ein von außen betrachtet äußerst widersprüchliches Bild, was durch die Unterscheidungsgabe an Differenzierungen hinsichtlich der Forderungen an andere entsteht.

Auch die Unterscheidungsgabe erwächst dem Leben und seiner Anschauung. Drei Tugenden nennt Abba Poimen die „Wegführerinnen der Seele": Neben der Unterscheidungsgabe sind es das „Sich-Bewahren" und das „Auf-sich-Achten". Die Unterscheidungsgabe ist also ganz eng auf die Selbstwahrnehmung bezogen, die zugleich eine Art Wachsamkeit sich selbst gegenüber ist, also voraussetzt, dass der, der sich da bewahren oder auf sich achten möchte, fähig ist, sozusagen sich selbst ein Gegenüber zu sein, das korrigierend, beschützend und leitend eingreifen kann. „Wenn der Mensch sich selber tadelt, hält er überall durch", meint Poimen. Wer sich selbst kritisch prüft, braucht die Prüfung durch andere kaum zu fürchten, und was dadurch geschieht, hat er schon unendlich oft selbst an sich erlitten und erlebt. Noch schlichter fasst es derselbe Abba Poimen in einem Satz zusammen, von dem ausdrücklich bezeugt ist, dass er ihn „oftmals" sagte, der also so etwas wie ein Kernsatz ist: „Wir brauchen nichts als einen wachsamen Geist."

Wenn der Abba wachsam war auf dem Weg seines spirituellen Werdens, wenn er kritisch seinen Antrieben, Motivationen, Regungen gegenüber war, dann hat er bei sich gewissermaßen die Spreu vom Weizen trennen gelernt. Der russische Religionsphilosoph Wladimir Solowjew (1853–1900) sagt einmal, dass nichts so Verderben bringend sei wie der gleisnerische Schein des Guten, mit dem das Böse daherkommt. Das gehört zu den schwierigsten Lektionen auf dem Weg, und es ist die unverzichtbare Eigenschaft des lehrenden und begleitenden Abbas: Er kann unterscheiden zwischen dem „Guten", das sich in Verfolgung anderer Ziele nur als gut zeigt, es aber im Kern nicht ist, und dem Guten, das aus einem reinen Herzen als Gutes kommt. So erkennt er oft aufgrund seiner Selbsterfahrung, wie es um den anderen steht. Das aber ist die Unterscheidungsgabe.

Interessant ist auch hier, dass die Unterscheidungsgabe zunächst vom Einzelnen in seinem Lebensentwurf praktiziert wird im Blick auf sich selbst: „Wir müssen unsere Seele mit der Unterscheidungsgabe leiten." Den Brüdern wird angeraten, sich morgens und abends in der Unterscheidung zu üben, indem sie sich fragen sollten: „Was von dem, was Gott will, haben wir heute getan, und was von dem, was er nicht will?" Darauf hätten sie ihr ganzes Leben einzustellen. Wer bei sich selbst nicht gelernt hat, zu unterscheiden und vom Unterscheiden her seine Seele zu leiten, der bleibt defizitär und daher fragwürdig.

Abba Amonas verglich die Unterscheidungsgabe mit einer Axt: „Da verbringt einer seine ganze Zeit damit, die Axt herum zu tragen, und kann keinen Baum fällen. Ein anderer versteht sich auf das Fällen und legt mit wenigen Streichen den Baum um. Und er erklärte, dass die Axt die Unterscheidungsgabe bedeute." Die Unterscheidungsgabe also fällt einen ganzen Baum, also etwas, das groß und stark emporgewachsen ist, kräftige Wurzeln hat und einen starken Stamm. Solches Umhauen eines Lebensgehäuses kann aufgrund der Unterscheidungsgabe notwendig sein oder auch mittels der Unterscheidungsgabe eintreten. Abba Alonios meinte dazu im Blick auf sich selbst: „Wenn ich nicht das Ganze eingerissen hätte, dann hätte ich mich nicht auferbauen können." Wiederum aber ist klar: Die Unterscheidungsgabe steht im Dienst dessen, bei dem sie sozusagen „einschlägt" und sie kann das nur, weil sie von einem geübt wird, der aufgrund seiner Selbsterfahrung hindurchschaut durch die Schlacken und Vermäntelungen des Lebens auf den Grund der Existenz.

Abba Nikon erläutert anhand einer Beispielgeschichte die fatalen Folgen eines möglichen Fehlens der Unterscheidungsgabe. Da wurde einem Altvater die Zeugung eines Kindes mit der Tochter eines Mannes aus Pharan zur Last gelegt. Der Pharanit vermochte nicht, ihn daraufhin zu töten, meldete es aber den Mitvätern. Die ließen ihren Mitbruder kommen, verabreichten ihm Schläge, und wollten ihn forttreiben. Er bat darum, bleiben und Buße tun zu dürfen. Drei Jahre wurde er gebannt. Niemand durfte ihn besuchen. Er hielt durch. Drei Jahre hielt er die Mühsal der Isolation aus und nur an jedem Sonntag war ihm ein Kirchgang mit einem Bußakt gestattet. Er bat die Mitbrüder um Fürbitte für sich. Dann fand sich der wahre Täter. Der Altvater wurde daraufhin um Verzeihung gebeten. „Was das Verzeihen betrifft, so ist euch verziehen. Was aber das Bleiben betrifft: ich bleibe nicht mehr bei euch, weil sich nicht einer fand, der die Unterscheidungsgabe hatte und mir Mitleid gezeigt hätte."

Sanftmut

Dem Erfahrenen obliegt es nun, dem anderen als Mose zu dienen auf dem Weg. Da der Erfahrene nur leiten kann aufgrund der Erfahrungen, die ihn selbst angewiesen sein lassen auf die Vergebung, Nachsicht und Liebe seiner Mitmenschen, ist genau dies die dritte Eigenschaft, durch die der Abba lehrt: die Sanftmut.

An der Sanftmut ist zu erkennen, dass Askese und Kontemplation den Mönch verwandelt haben zu einem geistlichen Vater. Während die Enthaltsamkeit allein den Leib angehe, mache die Sanftmut den Intellekt zum Seher, kann es heißen. Auch hier ist die Sanftmut wieder nicht nur hervorgerufen durch das, was am anderen zu sehen ist, sondern auch durch das, was dem Begleitenden selbst förderlich ist. „Wenn du einen zu tadeln hast und dabei in Zorn gerätst, dann befriedigst du deine Leidenschaft. Statt dass du andere rettest, verdirbst du dich selbst", mahnt Makarios. Hierher gehören auch die dringlichen Mahnungen des Abba Nisteroos: „Mache dir keine eigenen Gesetze! Richte niemand!" oder des Abba Paphnutios: „Urteile über niemand!"

Die Haltung der Sanftmütigkeit kann eindrückliche Folgen haben im Umgang mit den Schwächen der Mitbrüder. So wird Abba Poimen von seinen Mitbrüdern gefragt, ob sie nicht die Brüder, die während der Liturgie einnickten, mit einem Stoß wecken sollten. Und er erwiderte ihnen: „Wahrlich, wenn ich einen Bruder einnicken sehe, dann leg ich seinen Kopf auf meine Knie und lasse ihn ruhen." Die Zurückhaltung gegenüber der Zurechtweisung kann so stark werden, dass manche Wüstenväter ganz auf die Zurechtweisung der Fehlenden verzichten: „Wenn ich einen fehlen sehe, dann gehe ich an ihm vorbei und weise ihn nicht zurecht", konnte Abba Poimen sagen.

Warum soviel Zurückhaltung in diesem Bereich? Darauf antwortet eine Legende. „Ein Bruder im Koinobion wurde fälschlich wegen Buhlerei verklagt. Er machte sich auf und ging zum Altvater Antonios. Aber auch die anderen Brüder des Koinobions kamen, die ihn heilen und heimbringen wollten. Sie begannen, ihn anzuklagen: ‚So hast du getan!' Nun war dort zufällig auch der Altvater Paphnutios. Und er legte ihnen folgendes Gleichnis vor: ‚Ich sah am Ufer des Stromes einen Menschen, der bis zu den Knien im Schlamm steckte. Als aber Leute herzukamen, um ihm die Hand zu reichen, stießen sie ihn bis zum Hals ins Wasser.' Der Altvater Antonios sagte über den Altvater Paphnutios: ‚Sehet, das ist ein rechter Mensch, der Seelen heilen und retten kann.' Über dem Wort der Alten kamen sie zur Besinnung und warfen sich dem Bruder zu Füßen. Aufgemuntert von den Vätern nahmen sie den Bruder ins Koinobion mit."

Die Sanftmut der Wüstenväter ist gesättigt davon, dass sie sich immer wieder mühen, sich selbst auszuhalten. „Warum urteile ich eigentlich so häufig über meine Brüder?", fragte einmal ganz ehrlich ein Bruder und bekam die Antwort: „Weil du dich noch nicht selbst kennst. Denn wer sich selbst kennt, der sieht die Fehler der Brüder nicht." Wer seine Schattenseiten kennt und sich ins Bewusstsein gehoben hat, ist nicht so schnell bei der Hand mit den Verurteilungen seiner Mitmenschen. Er weiß darum, dass er das, was er am anderen verurteilt, zumeist auch in sich selbst trägt. So erinnert ihn die Sünde des anderen an seine eigene. Da wechselt der Wüstenvater auch schon einmal von der Seite der Rechtschaffenen auf die der offenkundig Gefallenen: Als etwa ein Bruder einmal wegen eines Vergehens vom Priester aus der Kirche gewiesen wurde, erhob sich daraufhin auch der Altvater Besarion „und ging mit ihm hinaus, indem er sprach: ‚Auch ich bin ein Sünder!'" Zu tief ist die Solidarität auf dem Boden des Menschlichen, als dass der Wüstenvater sich davon zugunsten der öffentlichen Moral dispensieren könnte. Als einmal am Schluss eines Apophthegmas das Verfahren der Wüstenväter zusammengefasst charakterisiert werden soll, da geschieht das mit folgenden Worten: „Das ist das Verfahren der Sketioten: Denen, die angefochten sind, Zuversicht einzuflößen und sich selber Gewalt anzutun, um andere für das Gute zu gewinnen."

Der Wüstenvater ermutigt also aufgrund seines Wissens um sich selbst und seines Wissens darum, wie man auf dem Weg allein vorankommen kann. Dabei muss er sich oft so sehr zurücknehmen, dass es ihn schmerzt. Aber nicht seine oder gar eine objektive Wahrheit ist hier maßgeblich, sondern die Möglichkeiten dessen, der ihn um Hilfe anging. Einem Erfahrenen wuchs die Autorität gleichsam zu. Und in dem Maß, wie er über die ihm zugewachsene Autorität Einfluss auf andere nahm, wurde er auch mächtig. Doch diese Macht war nichtig, wenn sie nicht von sich fort wies auf das Ziel hin, zu dem alle sich auf ihrer geistlichen Pilgerschaft befanden. „Viele sind mächtig geworden", meinte Abba Poimen, „aber nur wenige spornen an."

Der Schüler

Die Kunst eines jeden Schülers war es, den erwählten Abba zu überzeugen, ihn als seinen Schüler anzunehmen. Die Schüler, wie auch alle anderen Ratsuchenden, mussten dazu erst einmal erreichen, dass der Abba überhaupt bereit war, sein Schweigen zu brechen und den Fragenden eines Wortes zu würdigen. Um diese beiden Momente des Anfangs einer Beziehung zur geistlichen Begleitung kreisen unzählige Worte, Handlungen und Erzählungen, die jeweils bestimmte Aspekte der beiden Anfangshandlungen verdeutlichen.

Was einen Schüler auszeichnete, war dessen besonderes Verhältnis zu seinem Lehrer. Grundsätzlich war das Lehrer-Schüler-Verhältnis das eines von innen gewachsenen Autoritätsverhältnisses: „Die in der Schule sind, müssen ihre wahren Lehrer lieben wie Väter und fürchten wie Herrscher, und weder aus Liebe die Furcht beiseite setzen noch aus Furcht die Liebe verdunkeln." Liebe und Furcht: Was das Verhältnis zu Gott konstituiert, das bestimmt auch das Verhältnis zum Abba. Als Anspruch wäre das vermessen. Hier geht es nicht um einen Anspruch. Da der Abba mit seinen ganzen Erfahrungen transparent und präsent ist in der Beziehung zu dem, den er geistlich begleitet, ist er aber auf die Liebe und Furcht seines Schülers angewiesen. Leicht gäbe er Anlass für seinen Schüler, sich über den Meister zu erheben, wo nicht der gemeinsame Grund des Lebens beschritten wird. Noch der sterbende Abba Arsenios gesteht seinen Schülern angesichts der Furcht, die man bei ihm bemerkte, je näher der Tod kam: „In Wahrheit muss ich eingestehen, dass die Furcht, die jetzt in dieser Stunde in mir ist, in mir ist, seit ich Mönch geworden bin." Mit diesem Eingeständnis seiner Schwäche entschlief er.

Natürlich gehört zu diesem Verhältnis, dass die „Chemie" zwischen beiden stimmen muss. „Zu wem dein Herz nicht hinströmt, an den hänge dich nicht mit deinem Herzen", mahnt Abba Poimen. Dabei war auch Poimen bewusst, dass der andere nötig war, um aus den vorgefassten Meinungen über sich selbst herauszukommen: „Miss dich nicht an dir selbst, sondern schließe dich an einen anderen an!" Und fraglos galten die erfahrenen Wüstenväter, die ein langes Training in der Selbstkonfrontation hinter sich hatten, als nachzuahmende Vorbilder. Johannes Kilex lehrte so: „Ahmen wir unsere Väter nach: in welch harter Lebensweise und Herzensruhe saßen sie hier!" Dem Altvater konnte ein solcher Nachahmungswunsch dann aber bald lästig werden, wenn der ihn seines realen Menschseins beraubte und aus ihm, dessen Näherung zu Gott zugleich ein verstärktes Innewerden seiner eigenen Unzulänglichkeit mit sich zog, aus ihm und seinen Gebrechen womöglich ein hehres Abziehbild eines allem Menschlichen enthobenen Menschen machte.

Aber nicht nur diese Fehlerwartung löste Probleme für den Anfang aus. So sehr das Lehrer-Schüler-Verhältnis eine Frage der Übereinstimmung im Herzen war, so sehr galt doch auch, dass diese Übereinstimmung des Herzens nicht zu einer Dominanz der Vorstellung des Schülers vom Lehrer über den Lehrer werden durfte. „Abba, ich möchte einen Altvater finden, der ganz nach meinem Sinn ist, und bei dem will ich bleiben", lautet da ein verständlicher Gesprächsbeginn. Und natürlich versteht der Alte das Anliegen und unterstützt es. Nun meint der angehende Schüler, er sei am Ziel. Doch der Alte bemerkt, dass der Junge sich nun im Recht sieht: ‚Also, wenn du einen Greis findest nach deinem Willen, dann willst du bei ihm bleiben?' Jener antwortete: ‚Ja, das ist ganz mein Wunsch, vorausgesetzt, dass ich einen nach meinem Sinn finde.' Da sagte der Altvater zu ihm: ‚Du willst also nicht dem Willen dieses Greises folgen, sondern du verlangst, dass jener deinem Willen folge, dann wärest du also zufrieden?' Nun fühlte der Bruder, was der Greis meinte, er erhob sich, warf sich zur Erde nieder zur Buße und sagte: ‚Verzeihe mir, Vater, dass ich so ehrsüchtig war und glaubte, recht zu reden, obwohl ich nichts Gutes im Sinn hatte.'" Wir wissen zwar nicht, wie die Geschichte ausging, aber es ist nicht wenig wahrscheinlich, dass der Abba den jungen Mann nunmehr als seinen Schüler annahm.

Oft aber leitete ein Alter den um Schülerschaft bei ihm nachsuchenden Menschen weiter zu einem anderen Alten, wie in unserer Eingangsepisode mit Palladius und Isidorus. Nicht immer war unter den Alten geklärt, wer wen warum zu wem schickte. „Wenn zum Altvater Poimen Leute kamen, dann schickte er sie zuerst zu Abba Anub, weil dieser an Jahren älter war. Der Abba Anub aber sagte zu ihnen: ‚Geht zu meinem Bruder Poimen, weil er die Gnadengabe der Rede hat.' Wenn dann der Abba Anub in der Nähe des Abba Poimen saß, dann sagte der Abba Poimen in dessen Gegenwart überhaupt nichts." War der Abba Poimen etwa verärgert über Abba Anubs Verhalten? Wir wissen es nicht. Deutlich ist nur: hier widerstreiten sich das Älterenprinzip und das Prinzip der Redegabe.

Es ist derselbe Abba Poimen gewesen, der seinen Schülern anriet, sich einem Lehrer anzuschließen, um aus der Befangenheit in sich selbst herauszukommen. „Miss dich nicht an dir selbst, sondern schließe dich an einen andern an!" Poimen wusste um die Wirkung des Lebensentwurfes der erfahrenen Wüstenväter auf deren Schüler. So erzählte Poimen, wie einmal jemand zum Abba Paision kam, der ratlos oder verzweifelt war über seine eigene Seele. „Was soll ich mit meiner Seele tun: sie ist gefühllos und fürchtet Gott nicht!" Dem habe der Abba Paision geantwortet: „Geh und schließe dich einem gottesfürchtigen Menschen an. Indem du dich ihm nahst, lehrt er auch dich, Gott zu fürchten!" Poimen ging davon aus, dass die gelebte Gottesfurcht dem erkennbar und zugänglich würde, der sie im längeren Verkehr mit einem Gottesfürchtigen erlebte. Die Erfahrung des Altvaters, die dieser dem Suchenden transparent zur Verfügung stellte, lehrte mehr als mögliche Theorien oder Worte, mit denen sich doch nicht die Erfahrung des einen zu der des anderen machen lässt.

Lehrer und Schüler im Wald.

Diese Fragen der „Chemie" waren aber nur die eine Hürde für den Anfang einer Lehrer-Schüler-Beziehung. Noch entscheidender war die zweite Hürde. Wie konnte der Schüler den erwählten Lehrer dazu bewegen, zu ihm zu sprechen?

Der Altvater redet immer nur, wenn die Rede von ihm erbeten ist. Ungebeten redet der Abba nicht. Da schaut er dann nur, da schweigt er beredt. Aber: Er schweigt! Seinen Mund öffnet er dem, der wissen will, der Hilfe sucht, Rat braucht, dem Begleitung nottut.

Zum Altvater Theodor kam ein Bruder, der ihn um ein Wort bat. Dieses Bitten um ein Wort ist immer wieder der Ausgangspunkt eines möglichen Lehrer-Schüler-Verhältnisses. Aber Theodor gab in diesem Fall keine Antwort. Der Bittsteller zog betrübt von dannen. Der Schüler, der alles miterlebte, fragte seinen Meister, warum er den Bittsteller traurig und ohne Wort habe gehen lassen. Da antwortete

Theodor: „Wirklich, ich wollte nicht zu ihm sprechen. Er ist ein Wichtigtuer und will sich mit fremden Worten rühmen." Das war vermutlich aus der Herzenserkenntnis gesprochen. Worte der Einsiedler meinten immer konkret das Du des anderen und wollten auch nur in der Intimität eines Ich-Du-Verhältnisses wirklich gedeihen. Zu Veräußerung an Dritte waren sie ungeeignet.

Arsenios vergleicht einmal das Seelische, um das es zwischen Altvater und Schüler geht, mit einer Jungfrau. Noch im Hause des Vaters, sei sie von vielen umworben. Hat sie dann aber erst einmal einen Mann genommen, dann gefalle sie nicht mehr allen; die einen setzen sie herab, die anderen loben sie. Jedenfalls sei sie nun nicht mehr so geehrt wie in der Zeit, da sie verborgen gewesen war. „So ist es auch mit dem Seelischen", meinte Arsenios: „wird es an die Öffentlichkeit gezerrt, dann kann es nicht alle überzeugen." Kurzum, was in der Begegnung einem einzigen Menschen gilt, gilt nicht einer öffentlichen und beliebigen Hörer- oder Schülerzahl.

Dabei bedurfte es doch gar nicht unbedingt eines Wortes, um belehrt zu werden! Der Altvater Pambo verweigerte sich seinem Mitbruder Theophilos und den ihn bedrängenden Schülern einmal mit den Worten: „Wenn er aus meinem Schweigen keinen Nutzen zieht, dann kann er es auch nicht aus einer Rede." Und Abba Poimen sagte über den Abba Nisteroos: „Schweigend heilte er alle."

So kann es auch schon einmal zu schroffen Zurückweisungen kommen. „Sag mir ein Wort!" bat einer den Altvater Sisoes. Der aber entgegnete: „Was zwingst du mich, unnütz zu reden? Was du siehst, das tue!" Nochmals wird der Schüler also auf das Anschauen seines Lehrers verwiesen, das ihn lehren könne, statt dass ihm ein Wort der Belehrung zuteil würde. Abba Philikas konnte auf eine entsprechende Bitte dann noch mit einer beschämenden Begründung antworten. „Ein Wort wollt ihr hören?" Die Bittsteller bejahten dies. „Jetzt gibt es kein Wort mehr. Als die Brüder die Alten fragten und taten, was sie ihnen sagten, da leitete sie der Herr an, wie zu sprechen wäre. Jetzt aber, nachdem sie nur noch fragen, aber das Gehörte nicht tun, hat Gott die Gabe des Wortes von den Altvätern genommen, und sie finden nicht, was sie sagen sollen, da keiner ist, der es ausführt." Seufzend blieb den Brüdern daraufhin nichts als ein „Bete für uns, Vater!"

Dem Wort des Abba Philikas ließen sich zahlreiche andere zur Seite stellen wie das des Abba Jakob, der sagte: „Man braucht nicht nur Reden. Denn es gibt viele Reden unter den Menschen in dieser Zeit. Was nottut, ist die Tat. Das wird gesucht und nicht Reden, die keine Frucht bringen." Dem Abba Makarios gar konnte man überhaupt kein Wort entlocken, wenn man ihn mit Ehrfurcht behandelte. Wenn hingegen jemand kam, der ihn auf seine Vergangenheit als Kameltreiber ansprach und auf seine Diebstähle, für die er Prügel zur Strafe bezogen hatte, antwortete er mit Freude. Die Verweigerung einer Antwort kann ein Altvater in seiner Betrübnis über eine vermeintliche Gelegenheit zur Rede vor Geistlichen schlicht so begründen: „Ich bin tot, und ein Leichnam redet nicht!"

Doch zumeist kam es nach der Bitte um ein Wort zu einem Anfang. Solch ein Anfang konnte eine überraschende Wendung für den Nachsuchenden nehmen. Euprepios hatte einen Alten um ein Wort gebeten, damit er gerettet werde. Der habe geantwortet: „Willst du gerettet werden, so sprich, wenn du einen besuchst, nicht, bevor jener dich fragt." Das Wort saß. Der Bruder war dadurch betroffen zu machen und machte einen Fußfall. „Wahrhaftig, ich habe viele Bücher gelesen, aber eine solche Unterweisung habe ich nirgends gefunden."

Man könnte aus all dem jetzt den Eindruck gewinnen, als sei das Schweigen, das ohnehin eine hohe Tugend unter den Wüstenvätern war, deutlich dem Reden überlegen, und dann hätte in der Episode mit Abba Poimen und Abba Anub der erste, mit der Redegabe ausgezeichnet, unter dem zweiten gestanden. Doch Poimen selbst gibt dazu die

Antwort: „Wer Gottes wegen redet, tut gut daran, wer Gottes wegen schweigt, tut ebenso gut daran." Entscheidend ist also, wessentwegen geredet oder geschwiegen wird. Nur wo dies aus dem Gottesbezug heraus geschieht, ist es gut getan.

Wenn die gegenseitige Transparenz von Lehrer und Schüler gegeben war, dann konnte das ganze Verhältnis in einzelnen Ereignissen auch auf den Kopf gestellt werden. Denn natürlich lernt auch der Lehrer noch in der Beziehung zum Schüler. Da warf einer der Greise seinen Schüler etwa aus der Zelle heraus, weil er ihn gering schätzte. Der Hinausgeworfene blieb geduldig vor der Tür sitzen. Als der Greis ihn dann dort fand, war er es, der sich vor dem Schüler niederwarf und sprach: „O Vater, die Demut deiner Hochherzigkeit hat meinen kleinen Geist besiegt. Komm herein, von nun an bist du der Greis und Vater, ich bin der Jüngere und der Schüler."

Wo Transparenz gelebt wird im Umgang miteinander, da kann gar die Bitte um ein Wort dazu führen, dass einer einem anderen die Hilfe verweigern muss, obwohl der sie dringend bräuchte. So bat ein Bruder den Altvater Theodor: „Sag mir ein Wort, weil ich zugrunde gehe!" Und Abba Theodor konnte ihm nur mit Mühe erwidern. „Ich bin selbst in Gefahr, was kann ich dir sagen?" Wie schrecklich immer diese Situation für beide in ihrer Not auch gewesen sein mag, hier bewahrheitete sich die Definition der Demut des Abba Motios, nach dem sie darin bestehe, sich mit den anderen auf eine Stufe zu stellen. Solch ein vom Altvater gewährter Umgang auf der gleichen Stufe war dem Altvater schon deshalb nötig, weil auch er sich in seinem Schüler gespiegelt fand wie der Schüler im Lehrer.

Fast ein wenig amüsant hört sich das beim Altvater Sisoes dem Thebaner an, der von seinem Schüler wissen wollte, was der an ihm sehe. Er werde ihm dann auch sagen, was er, der Lehrer, an ihm, dem Schüler, sehe. Der Schüler war ehrlich: „Du bist edel im Geist, aber ein wenig rau." Der Greis formte daraus die nötige Belehrung für den jungen Schüler: „Du bist gut, aber weichlichen Sinnes."

Die Kritik ist hier das Zeichen, dass bereits eine Interaktion stattfand, der Abba den Bittsteller zuließ für eine kurze Antwort oder gar, wenn gewünscht, als seinen Schüler. Da war natürlich die Kernfrage die, die einstmals Abba Poimen dem Altvater Joseph gestellt hatte: „Sage mir, wie ich Mönch werde." Und die Antwort des Joseph fasst zusammen, was im Kern das Wesen mönchischen Daseins ausmachte: „Wenn du Ruhe finden willst, hier wie dort, dann sprich bei jeder Handlung: ‚Ich – wer bin ich?' und richte niemand!"

Auf das Verbot des Richtens sind wir ja schon eingegangen, aber für den Menschen, der sich um die Ruhe (Hesychia) bemühen wollte, um die innere Ausgeglichenheit und Stabilität, um die Abgeschiedenheit und den Seelenfrieden, dem wird als Schlüsselfrage „Ich – wer bin ich?" aufgegeben. Diese Übung leitet zu den Tiefen und Höhen, zum Hier wie Dort, zu Himmel und Erde. Dadurch, dass die eigene Identität offen wird, wird sie frei für jene Bestimmung, die sich dem Menschen entzieht. Hier ist ein letztes Ernstnehmen des biblischen „Es ist noch nicht erschienen, was wir sein werden, aber wenn es erscheinen wird, so werden wir Christus gleich sein" (1. Johannesbrief 3,2). Die Identität, die sich bei Gott als unverfügbar aufgehoben weiß, ist auf dem Lebensweg nicht anders zu haben als durch das ständige Fragen nach ihr oder das ständige und unverfügbare Gegebensein. Auch hier wieder ist entscheidend, dass der, der zu diesem Weg ermutigt, selbst sich so Gott anzuvertrauen gelernt haben muss, dass er selbst ein nach seiner bei Gott aufgehobenen Identität Fragender und aus ihr Lebender geworden ist.

Solch eine geistliche Begleitung kann dann geradezu zu einer tiefen Gemeinschaft zwischen Lehrer und Schüler führen. Derselbe Abba Poimen, der hier so belehrt wurde, sich nach seiner Identität zu fragen, riet einem Schüler, der wissen wollte, was er tun solle: er möge sich jemanden suchen, der sich mit ihm „was will ich?" frage, da er bei dem Ruhe erlangen werde. Ob er einen fand, der fähig war, sich mit ihm zu fragen, weil er sich fragte, erfahren wir nicht mehr.

Dem einen wird die Übung der Selbstbefragung aufgegeben: „Ich – wer bin ich?", dem anderen wird einer zur Seite gestellt, der in gleicher Fragesituation steht: „Was will ich?" Beiden Übungen ist gemein, dass hier eingeübt wird ins identitätsstiftende Fragen. Mit der Öffnung oder Konsolidierung der Identität beginnt das Mönchsdasein.

Die Zelle

Zum Mönchsdasein der Wüstenväter und Wüstenmütter aber gehörte nichts so sehr wie die Zelle, das Kellion. Fast sein gesamtes Leben spielte sich darin ab. Es war weit mehr als ein Dach über dem Kopf. Das Kellion gehört zu jenen großen Lehrmeistern aller Eremiten, die wir schon angesprochen haben. Das Kellion kann zuweilen geradezu *der* Lehrmeister der Eremiten sein. So beschied der Altvater Mose einmal die Bitte eines Schülers um ein Wort der Lehre mit dem Satz: „Fort, geh in dein Kellion und setze dich nieder, und das Kellion wird dich alles lehren". Wir kennen die verschiedenartigsten Behausungen der Eremiten von damals, von der Höhle zur Hütte. Dort setzte sich der Mönch sich selbst aus. Hier hatte er sich so lange als nur möglich aufzuhalten. Nur sonntags verließ er die Zelle, um an der Feier der Liturgie teilzunehmen. Hier brachen seine Abgründe auf in einen möglicherweise öde erscheinenden Raum hinein, der als Ort der Abgeschiedenheit zum Ort des Kampfes wird zwischen Engeln und Dämonen, zwischen entfesselten Begierden und erstarkenden Tugenden.

In diesem Ort wohnte der Mönch in seiner Herzensruhe mehr als anderswo. Der Abba Rufos beschied die Frage nach der Herzensruhe und ihrem Nutzen daher mit den Worten: „Die Herzensruhe ist: in dem Kellion sitzen mit Furcht und Erkenntnis Gottes und sich fernhalten von der Erinnerung an Erlittenes und von Hochmut. Eine solche Ruhe ist die Mutter aller Tugenden." Dabei ermahnte er den Frager zugleich, immer seines kommenden Todes eingedenk und stets wachsam bezüglich seiner eigenen Seele zu sein.

Ein so bewohntes und erfülltes Kellion war die Schatzkammer des Eremiten. Hier war er mit sich und Gott allein. Hier störte, was von außen hinzutrat. Wer sich in seiner ganzen Verletzlichkeit vor Gott zeigt, braucht Raum, einen sicheren Raum, den niemand sonst betreten darf als er allein. Wen wundert es da, dass von Abba Sisoes berichtet wird, dass er, immer wenn er sich im Kellion aufhielt, die Tür abschloss. Und es ist eben keine Floskel, wenn da ein Bruder sich beim anderen entschuldigt mit den Worten: „Verzeih mir, mein Vater, wenn ich dich in deiner Ordnung gestört habe", auch wenn der dann eine Regel noch höher ansetzt als die der gesuchten Einsamkeit vor Gott in der Zelle: „Meine Regel ist es, dich in Gastfreundschaft aufzunehmen und dich in Frieden zu entlassen!"

Doch solche Freiheit zum Miteinander erwarb nicht jeder aus der Ruhe heraus. Der Altvater Mose etwa beklagte sich beim Altvater Makarios, dass er sich der Ruhe hingeben wolle, aber die Brüder ihn nicht dahin gelangen ließen. „Ich sehe", antwortete Makarios ihm, „dass deine Natur zart ist und du den Bruder nicht zurückweisen kannst. Aber wenn du die Beschauung pflegen willst, dann geh in die Wüste und dort hast du Ruhe." Mose tat das und kam zur Ruhe.

Das Kellion konnte seinen Zweck also nur erreichen, wenn es einen von allen menschlichen Bindungen befreite. „Fliehe die Menschen", lehrte Altvater Makarios den Altvater Isaias. „Was heißt das: die Menschen fliehen?", fragte der. „Dich in dein Kellion setzen und deine Sünden beweinen", antwortete Makarios. Wenn dann einmal der Altvater Paphnutios drei ihn ausdrücklich um ein geistliches Wort bittende Altväter mit dem Wort bescheidet: „Geht, liebt die Bedrängnis mehr als die Ruhe, die Missachtung mehr als die Ehre und das Geben mehr als das Nehmen", dann ging er freilich davon aus, das der Lernende lernen müsse in Angefochtenheit, um lernen zu können und nicht auf Sand zu bauen. Nichts war verpönter bei den Wüstenvätern als der Verlust der Menschlichkeit des Menschen. Von daher kann der Altvater Sisoes einmal schmerzhaft in Gegenwart seines Schülers laut hinausschreien: „O Elend!" und sein Schüler ihn fragen: „Was hast du, Vater?" und zur Antwort bekommen: „Einen einzigen Menschen suche ich, um mit ihm zu reden – aber ich finde keinen!"

Und noch eines ist den Altvätern deutlich: Es sind nicht die Schwachen, die auf ihrem geistlichen Pilgerweg unter den Menschen leben. Als ein Bruder einmal dem Altvater Matoe eingestand, dass er alles meine beurteilen zu müssen, wenn er unter die Menschen gehe und nicht zu schweigen imstande sei, da antwortete ihm der Altvater: „Wenn du dich nicht beherrschen kannst, dann fliehe in die Einsamkeit. Denn es ist eine Schwäche. Wer mit den Brüdern zusammenwohnt, der darf nicht viereckig sein, sondern muss rund sein, damit er sich allen zuwenden kann." Dem Bruder, der da mit sich rang, gestand er ein: „Es ist nicht die Tugend, derentwegen ich in der Einsamkeit sitze, sondern die Schwäche. Die Starken sind es, die unter die Menschen gehen."

Die fundamentale Lehre des Abba Poimen: „Bist du ein Freund des Schweigens, dann wirst du Ruhe haben an jedem Orte, an dem du wohnst", zeigt so auch den Weg von der Wüste in die Welt. Aber berechtigterweise traute sich nicht jeder das zu. Als etwa ein Bruder auf den Markt ging, geriet er in Angst um sich im Durcheinander des Getümmels und fragte Poimen um Rat. Der antwortete ihm: „Werde der Freund dessen, der Gewalt gegen dich gebraucht, und mit Ruhe wirst du deine Waren verkaufen können."

Modell und Ideal

Verlassen wir die Zelle und betreten wir erneut das Innere. Die Wüstenväter und -mütter lehrten, dass selig sei, wer Mühen mit Danksagung empfange; dass Pilgerschaft heiße, Gewalt über seinen Mund zu haben; dass Maßlosigkeit Verderben bringend sei; dass es nicht darauf ankomme, Leibestöter zu sein, sondern Leidenschaftstöter; dass Zerstreuung der Anfang der Übel sei. Solcher Lehren wären noch viele, aber über ihnen allen, die je konkret je einem oder einer galten und doch über den Einzelnen hinaus ins Überzeitliche weisend vielen bis heute gelten, stand ein fundamentales Gebot: „Lehre deinen Mund sagen, was dein Herz hat." Mit diesem Wort erinnerte Abba Poimen daran, dass der Transparenz des Lehrers auf der einen die des Schülers auf der anderen Seite entsprechen müsse. Sonst sei der geistliche Austausch erstorben. Die Sprache des Herzens war Voraussetzung und Ziel jedes Gesprächs zwischen Lehrer und Schüler. Denn nur von dort her war Rettung möglich: „Wenn du ein Herz hast", meinte Abba Pambo, „kannst du gerettet werden."

Die Sprache des Herzens ist die Sprache des Gebets. „Der wahre Mönch trägt in seinem Herzen unaufhörliches Gebet und Psalmodieren", meinte schon Epiphanius. „Welche Gedanken muss ich im Herzen tragen?", fragte ein Bruder einen Altvater. „Alles, was der Mensch, vom Himmel bis zur Erde, denken kann, ist eitel. Wer im Gedenken an Jesus verharrt, der befindet sich in der Wahrheit", lautete die Antwort. Darauf der Frager: „Wie gelangt man in den Besitz Jesu?" Antwort: „Durch das eifrige Sich-Mühen um die Demut und durch das ununterbrochene Gebet gelangt man in den Besitz Jesu."

In der koptischen Überlieferung heißt es von Abba Makarios einmal: „Lassen wir nicht zu, dass der Brunnen schäumend ausgießt, was von dieser einzigartigen Mischung stammt, die da ist alles, was das Herz empfangen hat, sondern dass er nach oben wirft, was zu jeder Zeit süß ist, das heißt unaufhörlich unsern Herrn Jesus Christus." In ähnlicher Weise zum Über-sich-Hinausschleudern äußert Abba Antonius, dass es die Macht des Menschen sei, „dass er seine Sünde über sich hinauswerfen" könne „vor Gott". Hohes und Tiefes werden so über sich hinausgeworfen zu Gott.

Ein alter Starez mit der Gebetsschnur.

Doch noch antworteten die geistlichen Väter den Ratsuchenden nicht mit dem Hinweis auf eine Methode, die zu erlernen sei, wie das dann später geschah, als sich das Herzens- oder Jesusgebet als eine besondere Form verfestigt hatte. Makarios antwortete auf die Frage „Wie müssen wir beten?" schlicht: „Es ist nicht notwendig, viele Worte zu machen, sondern man muss die Hände ausstrecken und

sprechen: ‚Herr, wie du willst und weißt, erbarme dich!'"
Für den Fall der Anfechtung lehrte er, nur ein kurzes „Herr, hilf!" zu sprechen. Der Herr wisse, was förderlich sei. Fürbitte ersetzt übrigens natürlich das eigene Beten nicht. Antonios etwa kann schon einmal auf die Aufforderung „Bete für mich!" unwirsch reagieren: „Weder ich habe Erbarmen mit dir, noch Gott, wenn du dich nicht selbst anstrengst und Gott bittest."

Der Vollzug geistlichen Lebens als Lebensvollzug schlechthin hat nach Abba Neilos unmittelbar bereichernde Rückwirkungen auf das Gebet. „In was immer du dich als Philosoph erweist, indem du es mit Geduld erträgst, das wirst du zur Zeit des Gebetes als Frucht finden." So stehen bei den Wüstenvätern die geistlichen Lebensentwürfe gleichwertig nebeneinander. „Wenn drei zusammenwohnen", lehrte Abba Poimen, „von denen der eine die Herzensruhe bewahrt, der andere krank ist, aber dafür dankt und der dritte in reiner Gesinnung dient, dann haben sie alle drei das gleiche Werk."

Das Seelenheil

All den Bemühungen in der Seelsorge lag die Sorge um das Heil oder die Heilung der Seele zugrunde. In allen orthodoxen Traditionen wird über das Seelenheil reflektiert und zu seiner Erlangung oder Wiedererlangung aufgefordert. Stellvertretend für die Vielzahl der Traditionen schauen wir nun auf die uns am weitesten entfernte, die ostsyrische Mystik, deren bedeutendste Vertreter sich gleichwohl auch im Schatz geistlicher Wegweisung der Griechen oder Russen finden.

„Halte Frieden mit deiner Seele, so werden Himmel und Erde mit dir Frieden halten!" Diese Aufforderung eines der größten ostsyrischen Mönchsmystiker, Isaak von Ninive (7. Jahrhundert), wirkt bis heute unmittelbar. Das seelische Leid, das uns umtreibt, das uns innerlich zerreißt, unsere Gebundenheiten an die Notwendigkeiten des Lebens in unserer Gesellschaft, die uns bedrängen und einzwängen, unsere Jagd nach Erleben, die uns dem Erleben unserer eigenen Lebenswelt fremd macht: aus all dem erwächst die Sehnsucht, wieder eins zu sein, wieder im Frieden zu sein mit uns selbst. Wir wissen also von den Gefährdungen unserer Seelen heute ebenso wie die Menschen damals, als es noch keine Therapeuten gab, die gegen Bezahlung Menschen helfen konnten, die seelisch aus dem Gleichgewicht gekommen waren oder deren Seele gezeichnet war von den Verletzungen, die unser Zusammenleben mit anderen Menschen damals wie heute nach sich zieht.

Die ostsyrischen Christen lebten östlich des Römischen Reiches. Sie haben nie erlebt, wie das Christentum zu einer Religion einer Mehrheit wurde. Nie lebten sie in christlichen Gesellschaften, sondern immer als Minderheit unter einer dominierenden fremden Religion. Und doch war die Kirche dieser Christen ihrer Ausdehnung nach die größte des Mittelalters: von Japan, der Mandschurei, der Mongolei und China bis zum Horn von Afrika oder der Insel Zypern, über die weiten Steppen Zentralasiens bis zur Spitze Indiens. Christen gab es in diesem Raum schon im 2. Jahrhundert, und im 4. Jahrhundert lehrten da die ersten großen Kirchenväter, deren Texte wir bis heute studieren. Im Mittelalter war sogar einmal ein Mongole das Oberhaupt dieser Kirche, und für die Vermittlung griechischer Philosophie an die Araber leisteten sie Entscheidendes.

Inwieweit die ostsyrische Mönchsmystik auf die Entstehung der muslimischen Mystik und die Sufis eingewirkt hat, ist noch bis heute ein kaum betretenes Feld wissenschaftlicher Forschung. Dass aber die arabische Halbinsel über weite Teile hin von diesen Christen besiedelt war, davon zeugen auch wichtige ostsyrische Mönchsmystiker wie Dadischo von Beth Qatraje (7. Jahrhundert) oder eben Isaak von Ninive, die beide aus der Gegend stammen, in der noch heute die Halbinsel und das gleichnamige Königreich Qatar am Persischen Golf liegen. Von der Massenkonversion der

Gläubigen im Oman im 7. Jahrhundert, die zu scharfen Reaktionen der Kirchenleitung in der von den Muslimen gerade erst eroberten Hauptstadt des Persischen Reiches führten, bis hin zum vorübergehenden Aussterben dieser Kirche auf der Arabischen Halbinsel auf der Schwelle vom Mittelalter zur Neuzeit, wirkte das Christentum dieser Prägung zunächst auf den Islam ein und empfing später von ihm selbst dann entscheidende Impulse zur Wiederbelebung der eigenen Literatur. In anderen Regionen hielt diese interkulturelle Koexistenz von Ostsyrern und Muslimen an und ist heute noch charakteristisch etwa für den Irak.

Diese also in vielfältiger Weise in multikulturellen und multireligiösen Regionen existierende Christenheit brachte nicht nur eine der frühesten Formen des Mönchtums hervor, sondern auch das Phänomen der ostsyrischen Mönchsmystik. Die ersten großen Mystiker dieser Bewegung finden wir im 6. Jahrhundert, aber sie hatten Vorläufer in ihrer eigenen ostsyrischen Kultur. Und offenbar fanden auch Gedanken großer Mystiker des griechischen Raumes ihren Weg zu ihnen, trotz der bewussten dogmatischen Scheidung der ostsyrischen Christen von denen im Römischen Reich im Westen. Wir wissen etwa, dass Evagrius Ponticus (346–399), einer der wirkmächtigsten Mönchsmystiker der vorderorientalischen Wüsten und Schüler des Origenes (185–254), bewusst von einem der großen ostsyrischen Mönchsmystiker, Babai dem Großen (551–628), rezipiert und theologisch in die Tradition seiner Kirche eingepasst wurde.

Was nun lehren die Mystiker von der Heilung und dem Heil der Seele? „Halte Frieden mit deiner Seele, so werden Himmel und Erde mit dir Frieden halten!", hatte Isaak seinen Lesern und Hörern geraten. Aber wie können wir das? Darauf geben die Lehrer der ostsyrischen Mönchsmystik verschiedene Antworten und stellen ihre Lehre in unterschiedlichen Systematisierungen vor. Und dennoch kreisen sie alle um das Heil der Seele und um die Einswerdung mit Gott.

Frieden halten mit der eigenen Seele kann nur, wer die eigene Seele kennen lernt. Da der Mensch aber in vielfältigen Verstrickungen sozialer und kultureller Art gebunden ist und dadurch behindert wird an der Wahrnehmung seiner selbst, gilt es zunächst, sich frei zu machen von all dem, was ihn ansonsten gefangen nähme. All seinen weiteren Bemühungen geht dieser eine Akt voraus, „dass sich das Ich durch Flucht vor dem äußeren Treiben in sich zusammenfasst." Es geht also darum, das Ich, das an vielerlei Dingen beteiligt ist und sich durch vielerlei gebunden weiß, aus dem Vielen in das Eine zusammenzubringen, es auf sich selbst zu konzentrieren.

Solche Konzentriertheit auf und in sich selbst ist die Voraussetzung für alle weiteren Schritte auf ein geistliches Leben zu. „Niemand kann sich zu Gott nahen, wenn er sich nicht von der Welt entfernt." So formuliert Isaak aus der gesammelten Weisheit geistlicher Pilgerschaft heraus, auf der er sich mit seinen Vorvätern und seinen Wegbegleitern befindet. „Solange sich die Sinne um die äußeren Dinge kümmern, kann das Herz von den Vorstellungen derselben nicht zur Ruhe kommen."

Wie die Seele, so hat auch das Herz teil an der Zerstreuung des Menschen an das Vielerlei und die vermeintlichen Notwendigkeiten der Welt. Das Herz, so definiert es Isaak einmal, ist „die Gesamtheit der Seelenkräfte", während der Verstand zum Beispiel nur „eine einzelne Seelenkraft" sei. Und neben Seele und Herz ist es der Geist, der diesen Zustand teilt. So hat der Mensch, der sich auf den Weg macht, das Heil seiner Seele zu erlangen, zunächst, ehe er sich an so gefüllte Daseinebenen wie Herz und Seele wagen kann, ganz handwerklich Hand anzulegen an der Ausrichtung seines Geistes.

Es geht dabei darum, „dass der Mensch in seinem Geiste von der Welt entleert werde." Was der Mensch von klein auf gelernt hat, in der Welt mit der Welt von der Welt für die Welt (zuweilen auch vor der Welt) zu sein, gilt es zu verlernen zugunsten einer höheren Fertigkeit. Ermessen kann diesen Schritt auf dem geistlichen Weg freilich nur, wer wirklich Erfahrungen mit der Welt gesammelt hat, wer ihr wirklich ausgesetzt war und wer wirklich um sie und ihre Gesetzmäßigkeiten und Notwendigkeiten weiß. Erst die Erfahrung der Welt verschafft Verstehen der Freiheit von der Welt: „Wenn der Mensch nicht zuvor weiß, was die Welt ist, so versteht er auch nicht, mit wie vielen Gliedern er von der Welt losgelöst oder in sie verstrickt ist."

Verstehen setzt also voraus, dass man Erfahrungen in beiden Bereichen der Lebenswirklichkeit hat. Wer hingegen sich der Welt abgestorben wähnt, weil er sich in der einen oder anderen Weise von etwas getrennt hat, das er als die Welt empfindet, der bildet sich nur ein, er sei von der „Welt überaus weit entrückt". Solche Einbildung anstelle erfahrener Realität bemängelt Isaak als „nicht weise genug". Wer so vorgehe, nehme nicht einmal seine Leidenschaften wahr und könne daher auch nicht um seine Heilung besorgt sein.

Die Befreiung des Menschen zu dem, was er wirklich ist und will, geschieht nicht da, wo er weiterhin in seiner Umgebung gefordert bleibt. Solch ein Weg ist keine Zutat, damit ein anstrengend gewordenes Leben in der Welt ein wenig abgefedert wird. Als Zutat zu dem Leben unter dem Diktat der Welt taugt das wirkliche Bemühen um die Seele nicht. Solches Bemühen greift tiefer ein, elementar, total. Es verträgt sich nicht mit den üblichen Anforderungen: „Solange sich die Sinne um die äußeren Dinge kümmern, kann das Herz von den Vorstellungen derselben nicht zur Ruhe kommen", heißt die schlichte Erkenntnis des erfahrenen Lehrers. Wenn man sich der Zerstreuung durch irdische Dinge hingibt, so könne man sich auf das Verbleiben der Gottesfurcht, der Furcht, sich in seinem Selbst bei Gott zu verfehlen, nicht verlassen.

Die Mutter all dessen, was geistlich genannt zu werden verdient, ist der Ort außerhalb: die Einöde und die Einsamkeit. In der Einsamkeit gilt es sich selbst auszuhalten, gilt es, sein eigener Verfolger zu werden. „Verfolge dich selbst, so wirst du deinen Widersacher von dir hinweg treiben!"

Obwohl solche Einöde und Einsamkeit von den meisten der Mönchsmystiker auch äußerlich vollzogen wurde durch ihr Dasein als Eremiten in der Wüste Arabiens oder den zerklüfteten Berghängen abgelegener Täler Kurdistans, handelt es sich hier primär nicht um einen äußerlich zu vollziehenden Akt. Der äußere Akt ist vielmehr einfach die Folge des inneren. Das Heil der Seele ist nicht außen, sondern innen zu finden. „Bestrebe dich, in die Schatzkammer, welche in deinem Inneren ist, einzugehen, so wirst du die himmlische sehen! Denn jene und diese ist eine und dieselbe; durch *ein* Hineingehen wirst du beide schauen!" Inneres und Himmlisches sind zwei und doch eins und der Weg zu beidem ist nicht ein zweifacher, sondern einer.

Der Weg, der in die Tiefe führt ist zugleich der Weg, der zur Höhe aufsteigt. „Die Leiter zum Himmelreiche ist in dir verborgen in deiner Seele. Tauche von der Sünde hinweg in dich selbst unter, so wirst du dort Steigen finden, auf welchen du hinaufsteigen kannst!" Der Weg beginnt also mit dem Einstieg in sich selbst, mit dem Aushalten dessen, was mich selbst ausmacht und ich doch nicht als zu mir gehörig akzeptieren mag.

Schwäche und Versuchungen gehören dazu: „Wer vor den Versuchungen flieht, der flieht vor der Tugend", lautet die griffige Erfahrung des Lehrers. „Fürchte dich nicht vor den Versuchungen, da du durch sie Herrliches erlangen wirst!" Die Versuchungen haben eine ähnliche Funktion wie die Welt. Sie qualifizieren denjenigen, der auf dem geistlichen Weg unterwegs ist. Vor den Versuchungen bete der Mensch zu Gott wie ein Fremder, hernach aber betrachte ihn Gott als einen Freund. Versuchungen sind also die Schule, in der es das Geistliche zu erlernen gilt. „Denn ohne Versuchung wird die Sorgfalt Gottes für uns nicht empfunden, das Vertrauen zu ihm nicht erworben, die Weisheit des Geistes nicht gelernt und die Liebe Gottes nicht in der Seele befestigt."

Andererseits gilt der Grundsatz, dass sich der Mensch hüten solle, sich freiwillig den Versuchungen auszusetzen. Zu leicht könne er dem Ansturm der Leiden verfallen, sei außerstande, den Versuchungen Widerstand zu leisten und falle dann von der Wahrheit ab. Unabweisbar sei aber, dass der Erwerb hoher Tugenden einen hohen Einsatz erfordere und solche Vorsätze stets von Versuchungen begleitet würden. Da könne dann die Vollkommenheit einer Tugend überhaupt nur erworben werden, wenn man die Bereitschaft habe, die Versuchungen zu „übernehmen", „mögen sie auch noch so furchtbar sein."

Wer sich auf diese gesteigerte Form der Vervollkommnung einlasse, der müsse auch unterscheiden lernen, was denn hoch und was gering sei. „Gib das Geringe auf, um das Große zu finden! Verwirf das Überflüssige, um das Kostbare zu erlangen!" Wer an dieser Stelle um Vervollkommnung kämpfe, dürfe weder auf sich noch andere Rücksicht nehmen oder sich aus Feigheit den Versuchungen entziehen. Standhaftigkeit ist erforderlich. Diese Standhaftigkeit im Kampf um Vervollkommnung setzt Freiheit voraus. Gebundenheiten hindern an der Hingabe an jenes Ziel, das in uns liegt und von dort nach oben führt. Wer sich diesem Ziel verschreibt, der tritt verändert in seinem Sozialverhalten auf: „Erwirb dir Freiheit in deinem Wandel, damit du von der Verwirrung befreit werdest!"

Aufgrund dieser Standhaftigkeit, diesem Stehen zum eigenen Weg und Ziel wird gerade in den Turbulenzen Souveränität erworben: „Ertrage deine Mühsal mit Einsicht, damit sie dich nicht von dem ganzen Laufe abbringe!" All diese Ermunterungen, die der Lehrer dem gibt, der sich auf den Weg gemacht hat, sind getragen von dem Wissen um die Nöte, die das Gehen irritieren können oder gar zum Stillstand führen oder in die Irre lenken. Der Weg zu sich, um dort von sich hinaus- und hinaufzusteigen, ist immer eine selbst gewählte Möglichkeit, die gefährdet ist vom Abbruch, und die noch dazu dem, der ihn gehen will,

Dieser russische Mönch hat das strengste mönchische Gelübde, das „große Schima", abgelegt. Daher trägt er ein besonderes schwarzes, mit Passionsbildern besticktes Obergewand.

in bestimmter Weise viel abverlangt zugunsten der Freiheit, die es zu erlangen gilt.

Und das muss so sein, denn das problemlos Erworbene haftet nicht, arbeitet nicht an dem, der es erwirbt. „Alles, was mühelos gefunden wird, geht auch leicht wieder verloren." Das aber, was mit der eigenen Existenz unter Kämpfen und Nöten erworben wird, dessen Wert weiß man ganz anders zu schätzen. „Aber Alles, was mit Anstrengung gefunden ist, wird sorgfältig bewahrt." Dieser Erfahrungswert von der unterschiedlichen Wertigkeit des erworbenen Wissens geht einher mit der Einsicht, dass die Mühsal an mir arbeitet und nicht (so ich sie denn in Kauf nehme als Phänomen auf dem Wege) sinnlos ist. So kommt dem Leiden auf dem Weg auch für das Fortschreiten in der Erkenntnis eine wichtige Funktion zu: „Weise die Leiden nicht von dir, denn durch sie wirst du zur Erkenntnis gelangen!"

Die Legende vom asketischen Patriarchen

In der orthodoxen Spiritualität spielen Legenden eine große Rolle. In den Klöstern werden sie vorgelesen, zum Beispiel beim gemeinsamen Mahl. Aber auch vielen Gläubigen sind sie bekannt. Mit solch narrativen Texten werden komplexe Sachverhalte des geistlichen Lebens in schlichter Form weiter vermittelt. Das tut auch die folgende Legende, deren früheste Gestalt aus der Mitte des 7. Jahrhunderts stammt. Sie schildert die Grenzziehungen seitens der Ostsyrer gegenüber den Byzantinern. Das fromme Selbstbewusstsein des anonymen Verfassers der Legende, die vom Katholikos Sabrischo I. (596–604) handelt, steht repräsentativ für das seiner Kirche. Wahrheit soll dabei erschlossen werden, indem sie erzählt wird an einem einleuchtenden Beispiel. Legenden rufen zur Nachfolge. Es geht Legenden nicht um Geschichte, sondern um Charakterisierung und Wertung von und Umgang mit Geschichte.

„Es schickte Maurikios, der König der Römer, zu Mar Sabrischo, dem Katholikos, einen Bischof." Maurikios regierte im Oströmischen Reich von 582 bis 602. In seiner Zeit rückten die Erzfeinde, das Oströmische und das Persische Reich, näher zusammen. Als der Großkönig Chosrau II. (590–628) zu Beginn seiner Regierungszeit außer Landes gehen musste, floh er zu Maurikios. Der verhalf ihm zur Wiedergewinnung seines Thrones. In den Jahrhunderten des oft schwierigen Beieinanders der beiden Großmächte hatten Bischöfe beider Seiten entscheidende diplomatische Dienste zu leisten. Der oströmische Bischof, der in unserer Legende namenlos bleibt, weil er stellvertretend die Reichskirche verkörpert, wird ausdrücklich im Sinne ökumenischen Miteinanders als Christ anerkannt. Der Anonymus schildert ihn als „einen vortrefflichen Mann, der Gott fürchtete".

In dem Moment, in dem der Bischof zur Audienz beim Patriarchen erscheint, treffen nun die kirchlichen Wirklichkeiten der Oströmer und der Ostsyrer aufeinander. Dem Bischof, der die Abbildung himmlischer Schönheit auch in den Gewändern kirchlicher Hierarchen gewöhnt war, bot sich ein unerwarteter Anblick. „Und als er zu ihm hineinging, sah er ihn, während er auf einer Decke aus Ziegenhaar sich niedergelassen hatte und mit einem schlechten Rock und einer Kapuze auf seinem Kopf bekleidet war." Dieser Anblick befremdete den Oströmer. Sollte das der Bischof sein? Fassungslos über das Äußere des Mannes, das sein Empfinden für Schönheit und Würde verletzte, konnte er nicht anders, als dieses unerfreulichen Anblicks wegen die Stellung seines Gegenübers in Abrede zu stellen. „Und der Bischof sah ihn und glaubte ihn betreffend überhaupt nicht, dass er Katholikos sei." Für seine Vorstellungswelt gingen ein solches Äußeres und ein solches Amt nicht überein. Das war nicht die Kleidung eines hohen Würdenträgers, das war die übliche Kleidung der ostsyrischen Asketen. Tatsächlich war Sabrischo ein asketischer Mönch, ehe er in die kirchliche Hierarchie aufstieg. Die

Quellen lassen keinen Zweifel daran, dass er diesem Lebensstil auch treu blieb, nachdem er in das höchste Amt seiner Kirche aufgestiegen war. Seine betonte Innerlichkeit und sein Hang zum Ausgleich verschaffte ihm innerkirchlich erhebliche Gegnerschaft. Auch als Patriarch erweist er sich als ein Vertreter der ostsyrischen Mönchsmystik.

Als ob sie den Kulturschock ihres oströmischen Kollegen bemerkt hätten, wandten sich ihm nun die versammelten kirchlichen Würdenträger hilfreich zu. „Es sprachen zu ihm die Versammelten: ‚Siehe, dieser ist der Patriarch'.": Der Oströmer blieb befangen: „Der Bischof aber war erstaunt und sagte: ‚Das ist der Patriarch?'" Der, dessen Stellung hier angezweifelt wurde, antwortete mit einer Ironisierung der byzantinischen Theologie der Schönheit im Rückgriff auf zwei Bibelverse. „Und der Katholikos stellte sich auf seine Füße und erheiterte sich und sagte zum Bischof: ‚Gesegnet sei, mein Herr, großer Bischof, der das Vorsteheramt ehrenvoll ausführt in ansehnlichen und weichen Kleidern. Nun, so ziemt es sich, dass wir zitieren, wenn ihr befehlt, dass die ganze Ehre der Königstochter äußerlich ist und jene, die Seidenstoffe anziehen, in der Kirche sind?'"

Mit diesem rhetorischen Kunstgriff, der den westlichen Entwicklungsvorsprung in Frage stellte, war zugleich das Beieinander von Staat und Kirche in Byzanz getroffen. Im Modell der Symphonie (lat. harmonia) gingen die Byzantiner davon aus, dass sich Kaiserstaat und Kirche zum Wohle des Ganzen in Harmonie zueinander befinden müssten. So realisierte sich die Theologie der Schönheit auch im Kaiserkult. Dem Kaiser waren die Purpurfarbe und das Goldsiegel (Chrysobull) reserviert. Man näherte sich ihm in der Form der anbetenden Unterwerfung (Proskynese). Während der biblische Text zur Königstochter Psalm 45,14f keine Rückschlüsse darüber zulässt, dass deren Schönheit etwa innerlich gewesen sei – ihre Pracht voller Korallen, Edelgestein, Gold und gestickten Gewändern ist schlicht eine Beschreibung äußerer Schönheit –, so lässt das Wort Matthäus 11,8 keinen Zweifel daran, dass anhand des ärmlichen Äußeren bei Johannes dem Täufer Jesus die Erwartungen der Menge korrigiert: die, die weiche Kleider tragen, gehören in den Palast der Könige. Zur völligen Verkehrung des Bibelwortes, die in Seidenstoffe Gekleideten befänden sich in der Kirche, bedurfte es keiner weiteren Erklärung. Mit dem biblischen Wort wurde hier ein Kernstück der byzantinischen Theologie kritisiert und die Welt der Pracht und Macht deutlich von der der Kirche geschieden.

Die Ironie des Katholikos zeigte Wirkung. „Und als der Bischof jenes hörte, bereute er, und sein Gesicht wurde rot von Beschämung." Die Offenheit des Bischofs für die Argumente des Katholikos, die sich in Beschämung und Reue offenbarte, bestätigte zugleich, was ihm bereits eingangs bescheinigt wurde: seine Vortrefflichkeit und Gottesfurcht. Er schlug nicht zurück. Er verstand und war betroffen. Nun erst war Begegnung möglich. Die Beiden begrüßten einander. „Und sie wünschten einander ‚Frieden'."

Doch das Moment der Begegnung geht wieder verloren. Noch konnte der Bischof für sich vom Gefühl der Überlegenheit und des materiellen Vorsprungs ausgehen. Folgerichtig hoffte der Byzantiner, die Armseligkeit seines Gegenübers mit einem Akt der herablassenden Barmherzigkeit beheben zu können. „Ich will zufrieden stellen den Willen Deiner Heiligkeit: Es ist nicht schön, dass dieser ganz unansehnliche Rock das Schema des Patriarchen ist." Solche Kleidergeschenke waren im byzantinischen Kulturkreis üblich. Doch hier, in der Begegnung mit der selbstgewählten Armut, verletzt solch ein Angebot ernsthaft den Lebensentwurf des Fremden. Armut war hier Ausdruck innerer Überzeugung. Sabrischo wies die sich am äußeren Amt festmachende Einstellung des Bischofs zurück. Wem so das Äußere vor dem Inneren geht, dem kann man nur den Boden unter den Füßen fortziehen, damit er wieder zu sich kommt: „Es antwortete der Katholikos und sprach zu ihm: ‚Lass mich, mein Herr; ich bin keineswegs Patriarch!'"

Äußere Würden widerstrebten dem erprobten Einsiedler. Seine Würde empfand er als von anderer Qualität. Und hier, im Augenblick des unüberbrückbaren Gegensatzes zweier Lebensformen, tritt der Legenden liebstes Kind hinzu, das geeignet sein mag, sich ausschließende kultur- und zivilisationsbedingte Gegensätze aufeinander zuzuführen: das Wunder.

„Und sie brachten zu ihm einen Knaben, dem eine Versuchung widerfahren war. Und des Kindes Rede war stumm. Und der Katholikos bezeichnete es mit dem Kreuzeszeichen – mit seiner rechten Hand – und in dem Moment redete es deutlich." Das Wunder erweist den Glauben, der nicht Schein sondern Sein ist. Glaube wird erkennbar am Heil, das dem Handeln folgt. „Der Bischof aber war erschüttert und er war in Furcht und erhob seine Stimme und sprach zum Patriarchen: ‚Wahrhaftig, alle Herrlichkeit der Königstochter ist inwendig. Und jene, die Seidenstoffe anziehen, sind im Palast der Könige'."

Bibelwort und Lebenshaltung stehen nicht mehr im Widerspruch. Der Bischof hat sozusagen seine Lektion gelernt. Seine auf äußere Pracht gerichtete Wahrnehmung ist in der Begegnung von Mensch zu Mensch als Unrecht entlarvt, das dort entsteht, wo das Empfinden des Anderen aufgrund des eigenen Empfindens und der in der eigenen Kultur erworbenen Maßstäbe nicht wahrgenommen werden kann. Und so endet die Legende mit der Bitte des Bischofs an den Patriarchen, die ein ganz neues Verhältnis gegenseitigen Angewiesenseins offenbart als das des Gebers und Empfängers: „Vergib mir!", bittet der Bischof der reichen Kirche den Katholikos der armen.

Wie gesagt, hier wird die Legende zum Mittel. Sie ruft eine ganze Kirche mehr oder weniger auf zu einem asketischen Lebenswandel. Das dürfte nicht unwesentlich darin begründet sein, dass zur Zeit der Abfassung längst der Islam seinen Eroberungszug angetreten hatte. Den materiellen Verlusten begegnete man hier mit Introversion. Innerlichkeit als Kompensation für unvermeidliche Verluste eignete sich, auch die neue Herrschaft der Araber zu überstehen. Vergeistigung als Mittel der Konfliktbewältigung wurde weithin von den Syrern im Gegenüber zu den Muslimen genutzt. Elija von Anbar († 940) etwa lehrte, dass die Nachkommenschaft Abrahams gleichnishaft abgebildet werde durch Staub, Sand und Gestirne. Staub seien die Juden, Sand die Ismaeliten, gemeint sind die Muslime, und Gestirne sind die „Kinder der Höhe, die zu Christus gehören". Die Höherbewertung christlicher Vergeistigung ist dabei unübersehbar gegenüber den irdischen Handgreiflichkeiten. „Schwer sind Sand und Staub, und so sind die Völker des Fleisches; gepriesen sind die Sterne, die am Himmel sind, und so sind die Völker des Geistes."

Anhalt hatte dieser Ruf zur Vergeistigung schon am Lebensstil des Patriarchen und Mönchs, der hier zum Träger der Handlung erkoren worden war. Er hatte einst einigen eifrig auf die erkennbare Realisierung ihres Mönchsdaseins Ausgerichteten ins Stammbuch geschrieben: „Nicht bewirkt also die Wüste Heiligkeit, ihr Menschen Gottes, noch erfreut die Einöde mit Offenbarungen Gottes, noch macht die Entäußerung an Besitz den Menschen des Geistigen teilhaft. Denn die Wüste heiligt den Menschen nur, wenn die Seele mit dem Leibe im Umgang mit Gott übereinstimmt; die Einöde macht herrlicher Offenbarungen würdig, wenn der Verstand sich trunken vermischt dem göttlichen Tun und die Entäußerung bereichert die wahrhaft Entäußerten wie der Apostel sagt: ‚Da wir nichts besitzen, haben wir Alles'."

Für das Seelenheil auf dem Weg der ostsyrischen Mönchsmystiker gilt bei Sabrischo also als Grundvoraussetzung die Übereinstimmung von Leib und Seele im Umgang mit dem, worauf der Mönch sich richtet und von woher er sich versteht.

Sowohl in dieser Zurechtweisung der Mönche durch den Patriarchen als auch in der Legende, die ihm und seinem Lebensstil sich widmet, spielt die Berufung auf die Schrift eine zentrale Rolle. Das Bibellesen war zu allen

Zeiten in der ostsyrischen Mönchsmystik von zentraler Bedeutung. Es war nicht nur ein hermeneutisches Instrument, das zu beurteilen half, was schriftgemäß war und was nicht, es war zuerst ein Mittel zur Beförderung des geistlichen Lebens selbst.

„Nichts ist so geeignet, unreine Gewohnheiten aus der Seele zu entfernen und störende Erinnerungen, welche verwirrende Flammen im Körper entzünden, zu zügeln, als das Versenken in die Liebe zur Lehre und das Nachdenken über die Tiefen des Verständnisses der Schriftaussprüche. Wenn die Gedanken sich in Wonne tauchen, indem sie der im Wort aufgespeicherten Weisheit nachgehen, so lässt die Erkenntnis durch die Kraft, welche sie von dorther einsaugt, den Leib hinter sich zurück, da sie die Erde mit allem, was darin ist, vergisst und alle Erinnerungen, welche Bilder der körperlichen Welt hervorrufen, aus der Seele tilgt. Wie oft bleibt die in Staunen versunkene Seele sogar ohne die Tätigkeit der gewöhnlichen, sich um natürliche Dinge kümmernden Gedanken wegen der Wunderdinge, die ihr aus dem Meer der Geheimnisse der Schrift entgegenkommen!"

Der Weg zum Seelenheil nach Rabban Jausep Hazzaya

Neben der Schrift gibt es eine Reihe anderer Mittel zum Kampf für die eigene Seele, doch wir wollen über die Mittel gleich hinausgehen und wenigstens noch eine der Systematisierungen des geistlichen Weges zum Seelenheil ansehen. Während wir bisher in den Zitaten weithin auf Sabrischo und Isaak von Ninive und andere Mönchsmystiker des 6. und 7. Jahrhunderts zurückgegriffen haben, liefert uns für diesen letzten Abschnitt Rabban Jausep Hazzaya (Mitte des 8. Jahrhunderts), zu Deutsch: Meister Joseph der Seher, die Texte.

Als Kind fiel Jausep bei arabisch-türkischen Auseinandersetzungen den Arabern in die Hände. Er wurde an einen Araber verkauft, der ihn beschnitt. Die Söhne des Herrn verkauften den Sklaven an einen Christen namens Kyriakos, der ihn an Sohnes statt annahm. Doch widersetzte sich der Knabe dem Wunsch seines neuen Herrn, Christ zu werden. Erst die Wahrnehmung des mönchischen Lebens führte ihn zur Taufe. Kyriakos ließ ihn frei, und der junge Mann begab sich ins Kloster. Er wechselte mehrmals das Kloster, wurde Abt, befasste sich fortwährend mit der Abfassung von Büchern, die er nach dem Eintritt seines Bruders ins Kloster alle unter dem Namen seines Bruders, Ebedjesus („Knecht" oder „Diener Jesu"), verfasste. 790 wurde er seiner Lehren wegen von einer kirchlichen Synode unter dem Katholikos-Patriarchen Timotheos I. (728–823) verurteilt. Bereits der Nachfolger des Timotheos aber hob das Urteil wieder auf.

Joseph der Seher blieb ein verehrter Lehrer auch in den folgenden Generationen monastischer Literatur. Er war schon zu Lebzeiten eine herausragende Gestalt und kann als eine der repräsentativen und maßgeblichen Größen ostsyrischer Mönchsmystik gelten.

Joseph hat ein konsequentes Denkschema vertreten, das in einem Dreischritt verläuft und mit jedem Schritt (er selbst spricht von „Stufen" des geistlichen Lebens) geistlich voranschreitet: von der Leibhaftigkeit zur Seelenhaftigkeit und schließlich zur Geisthaftigkeit. Dabei stützte sich Joseph auf große Denker vor ihm, etwa Johannes von Apamea (1. Hälfte 5. Jahrhundert), Isaak von Ninive und untergründig immer wieder Evagrius Ponticus, zuweilen auch ganz offenherzig mit Angabe seines Namens zitiert.

Die Stufe der Leibhaftigkeit reicht vom gefallenen Adam bis zu Mose; die Seelenhaftigkeit führt von Mose zu Christus, der seinen Aposteln den Heiligen Geist verlieh und damit die Stufe der Geisthaftigkeit eröffnete. Am Ende der Stufe der Leibhaftigkeit erlangt der Mensch seine natürliche Reinheit. Uns soll hier, wegen des Seelenheils, die Stufe der Seelenhaftigkeit später noch ein wenig mehr interessieren. Den Abschluss bildet jedenfalls die Geisthaftigkeit als durch das Wirken der Gnade oder des Geistes gekennzeichnete Stufe. Da ist der Mensch nur noch passiv, der zuvor aktiv gefordert war: Gott wird erlitten. Der Geist reißt die Natur über sich heraus und vollendet sie in Gott. Alles geschieht da nur ahnungsvoll. Was neu geschaffen wird, ist nur in Entrückung zu erfahren. Die widerfährt einem in Gebet und Kontemplation; Joseph nennt das „Staunen".

Auf der Stufe der Leibhaftigkeit befindet sich der Mensch in seiner Wüstenzeit; wie der Übergang über den Jordan und der Eintritt ins gelobte Land, so ist es dann mit dem Übergang von der Leibhaftigkeit in die Seelenhaftigkeit hinein. Schlussendlich wird die Stufe der Geisthaftigkeit als Aufstieg auf den Berg Zion bezeichnet. Wie nah hier Joseph an Evagrius Ponticus reicht, zu dem er einen Kommentar verfasste, kann hier vielleicht ein Zitat aus einer von dessen Centurien illustrieren. „Ägypten ist das Symbol des Bösen", sagt Evagrius. „Die Wüste hingegen ist das Symbol des Tuns. Das Land Juda das der Kontemplation der Körperlichen, Jerusalem aber das der Körperlosen. Und der Zion schließlich der Heiligen Dreifaltigkeit."

Was ist Seelenhaftigkeit für Joseph? Das syrische Wort kommt dem griechischen „Psychike" nah; es ist der gefühlsmäßige Bereich des Menschen. Für Joseph ist das die Zwischenstufe zwischen Leibhaftigkeit und Geisthaftigkeit. Auf dieser Stufe wird die Seele von ihren eigenen, sie verderbenden Leidenschaften geläutert. Hier kommt der Mensch an seine Grenzen, wird in seiner adamitischen Form vollendet. Darüber hinaus erfolgt nur noch Neuschöpfung, die seinem Tun entnommen ist.

Es ist Josephs Vorsatz, mit seinen Anleitungen und seiner Weisheitslehre die Barke der reinen Seelen zu füllen. Auf der Stufe der Seelenhaftigkeit tötet der Intellekt die ihm widerstrebenden Leidenschaften – wir sollten bei Intellekt aber nicht an unseren modernen Sprachgebrauch denken; es geht einfach um den erkenntnisfähigen und erfahrungsgeklärten Teil des Menschen. „So tötet auch ihr, o meine Brüder, alle Gedanken, die von Ägypten her mit euch in die Wüste des Tuns [der Stufe der Leibhaftigkeit] eingetreten sind, damit, wenn jene Gedanken, die mit euch aus der Welt gekommen sind, abgetötet und verschwunden und aus euren Seelen vergangen sind und an ihrer Stelle aufrichtige Gedanken entstehen, die von den natürlichen Samen herrühren, jene, die die Früchte der Reinheit sind."

Joseph weiß also z. B., dass der Eintritt ins Kloster allein noch nicht von den Gedanken befreit, die uns außerhalb der Klostermauern gefangen halten und uns zu ihrem Spielball machen. Jene Gedanken, die wir nicht denken wollen und doch denken, jene Gebrochenheiten, die wir beispielsweise kulturell geerbt haben und die uns doch nur von uns selbst entfremden. Allein mit dem Versuch eines neuen Lebens in Übereinstimmung mit unserem gefühlten oder erahnten Sein, abseits des verzerrten Daseins aufgrund der Zerstreutheit unseres Seins außerhalb von uns und dem, was uns zu leben bestimmt wäre, ist es aber noch nicht geschafft. Der Mönch nimmt diese zerstörerischen Gedanken wie Fallstricke mit ins neue Sein; sie bleiben. Aufrichtige Gedanken als Früchte der Reinheit und der Natürlichkeit müssen langsam an die Stelle der kulturell oder strukturell übernommenen Unaufrichtigkeit treten. Dann könne der Mose-Intellekt aus dieser Welt zum Herrn auswandern. Damit aber kann er auswandern von der sinnlichen Schau zu jener, die, wie Joseph sagt, auf sinnliche Weise die geistlichen Dinge begreift.

Es gilt also auf der Stufe der Seelenhaftigkeit sich zu nähren von dem, was einem jenseits des Jordan im gelobten Land zuteil wird. Es gilt, das gelobte Land in Besitz zu nehmen, sich von ihm zu ernähren. Seine Nahrungsgüter aber seien die Einsichten und Geheimnisse. Der bevorzugte Ort, der das gelobte Land schlechthin darstellt, ist wiederum die Zelle des Mönchs. Die ostsyrischen Mönche lebten nicht koinobitisch, sondern eremitisch, also jeder für sich allein. Dieses Einer-Sein und Einsamsein wird in der Zelle eingeübt. Hier werden dem geistlichen Wanderer die Einsichten in die Geheimnisse und die Erkenntnisse aller Welten, die waren und die sein werden, gegeben. Hier empfängt er Geheimnis und Offenbarung. Zwar unterschieden sich die Mönche schon auf der Stufe der Leibhaftigkeit in ihrem geistlichen Ringen vom Jedermann, aber ihre Erkenntnisse blieben denen Jedermanns gleich.

Doch der Übergang über den Jordan stellt ein Symbol der Stufe der Seelenhaftigkeit dar, auf der sich die Erkenntnis des Intellekts von der eines Jedermanns unterscheidet. Falsche Bilder und Schau liegen nahe beieinander. Die Zunge des Herzens stammelt unablässig verborgene Gebete. Dies ist ein erstes Zeichen für die Stufe der Seelenhaftigkeit. Der von Einbildungen und Bildern der Gedanken, die der Natur fremd sind, Geläuterte und im Intellekt durch Schau Erleuchtete betet nun von der unverfügbaren Vollkommenheit und Vollendung her, vollzieht also sein Gebet nicht durch die Sinne des Leibes, wie es damals hieß, sondern durch die inneren Regungen der Seele, die ganz mit Licht erfüllt ist.

Der Ort aber, an dem solch ein Gebet vollzogen wird, ist der Intellekt, gemeint ist das geistige Vermögen, das einhergeht mit der wiederhergestellten Freiheit der Natur oder Natürlichkeit und Reinheit. Gebet, so lehrt Joseph, „ist nicht Lehre und Wissen von Worten, sondern Konzentration des Geistes und des Intellektes", gesammelt durch das Schweigen, das Schweigen auch der Regungen und Sinne. Im Gebet wird der Mensch seiner selbst inne und seines Intellekts, „ein Intellekt, der der Schönheit seiner selbst gewahr geworden ist und im Staunen durch das Schweigen der Regungen dasteht." Ein außergewöhnlicher Vorgriff des sich selbst Vergessenden, der dadurch sich selbst gewinnt, auf die Identität, die ihm ja noch immer jenseitig voraus und unerreichbar ist, der er aber so augenblickshaft inne ist. Gebet ist in Schweigen und Staunen aufstrahlendes Selbstsein. Durch das Außersich-Insichsein, durch die sonst unverfügbare Selbstwahrnehmung aus der

Perspektive, in der man ganz man selbst ist, sich erkannt fühlt und erkennt, ist der Mensch Gebet, Beschreibung der Grenze zum Unverfügbaren, in der Schönheit seiner selbst.

Der Geist lässt dabei nicht einen Augenblick von dem Gedanken Gottes ab. Der Mensch ist, was er sein soll, nicht das, wozu ihn Herkunft oder Umwelt oder Umstände oder Einbildung gemacht haben.

Das zweite untrügliche Zeichen für das wiedererlangte Heil der Seele ist das Lesen der Heiligen Schrift. Das Herz gerät darüber in Staunen und macht den Lesenden sprachlos. Joseph über die Wirkung der Schriftlektüre: „Und ob des Staunens über die Einsichten des Heilswirkens Gottes fällt es wie eine Feuerflamme in dein Herz, dass du oftmals sogar die Erde mit deinen Zähnen greifst, ob der Freude, die in deinem Herzen anschwillt." Mehr als diese beiden Unterscheidungsmerkmale, also das Einssein mit sich als dem vor Gott stehenden in der gottgewollten Natürlichkeit und Reinheit, genährt durch stammelndes Gebet und Eingedenksein Gottes, und das aus der Schrift resultierende Staunen, kennt Joseph nicht.

Außen und Innen, Himmel und Erde, Unheil und Heil werden gemittet in der Seele. Wie in ein und demselben Hineingehen zu uns in unser Inneres sowohl die Schatzkammer des Inneren gesehen wird, deren Perlen aus den Schmerzen geboren werden, die das Heil unserer Seele zu zerstören schienen, als auch die himmlische Schatzkammer, die uns in Freiheit einen freien Blick auf uns erlaubt und die Schönheit wieder herstellt und den Adel unserer Seele, so wird auch Weisheit erst da, wo durch die Versuchung als dem Widerstreitenden zum Seelenheil das Heil der Seele befestigt wird als von außen durch die Liebe Gottes gegeben.

Das Seelenheil ist also nicht die Wiederbringung dessen, was uns im Unheil unserer Seelen heimsuchte und sie verletzte. Und zugleich hat es doch etwas davon. Es ist nicht das irgendwie bewirkte Heil, aber im Entwachsen seiner selbst Heilung zum Werden seiner selbst und damit zum

Seelenheil, das alles Unheil mit hineinnimmt in sein momenthaftes Aufstrahlen vor uns, und uns dadurch zu jener undenkbaren und unvorstellbaren Einheit hinzieht, in der die Seele von jenseits nun wieder diesseits in aufs Ganze ausstrahlenden Augenblicken heil wird und um sich weiß. Doch solches Seelenheil ist, indem es nicht ist. In seiner Abwesenheit wird es anwesend und motiviert auf das Abwesend-Anwesende zu.

Am Ende, auf der letzten Stufe, zelebriert der geistliche Wanderer am Ort der Vollkommenheit im inneren Allerheiligsten, dort wo sich als wahrer Hohepriester und als Repräsentant unserer Identität Jesus Christus befindet. Dahin führt allenfalls die Heimsuchung durch die Schau. Dafür fehlen Joseph die Worte. „Denn wie durch reinen Wein, so wird der Intellekt trunken und in Staunen versetzt durch die Schau", und er wird verwandelt. Was er da erfährt, vermag der Mensch nicht zu ertragen. Seine Sinne weiß er nicht mehr zu ordnen. Der fleischlichen Zunge sei das alles unaussprechlich. „Dort aber gibt es nicht ein Licht und noch ein Licht, und nicht ein Bild und noch ein Bild, und nicht ein Empfinden, sondern *ein* Licht und *ein* Empfinden und *ein* Bild, das heißt die glorreiche Schau unseres Erlösers."

Literaturhinweise:

Nicolai von Bubnoff: Russische Frömmigkeit, Wiesbaden 1947.
Pawel Florenskij: Das Salz der Erde, München 1989.
Gespräch des hl. Seraphim von Sarow über das Ziel des christlichen Lebens, Wien 1981.
Jausep Hazzaya: Briefe über das geistliche Leben und verwandte Schriften, Trier 1982.
Bonifaz Miller: Weisung der Väter: Apophtegmata patrum, auch Gerontikon oder Alphabeticum genannt, Trier 4. Aufl. 2002.

Igumen Nikon: Briefe eines russischen Starzen an seine geistlichen Kinder, Freiburg 1988.

Ausgewählte Schriften der syrischer Kirchenväter Aphraates, Rabulas und Isaak von Ninive, Kempten 1874.

Igor Smolitsch: Leben und Lehre der Starzen. Die spirituellen Meister der russisch-orthodoxen Kirche, Freiburg 2004.

Georgij Tertyschnikow: Auf dem Wege zu Gott, Leipzig 1978.

Starez Ioan von Valamo: Der Herr möge Euch schützen, Freiburg 1990.

Nachwort

Dieser Band hat orthodoxe Spiritualität möglichst nah an den überlieferten Texten vorgestellt. Er will langsam gelesen sein. Aus dem großen Meer der Texte hat er einige Tropfen für Durstige geschöpft. Er beansprucht nicht, umfassend zu informieren, sehr wohl aber, exemplarisch einzuführen und auch etwas von der Eigenart der Überlieferung zu vermitteln, aus der auch heute noch die orthodoxe Spiritualität lebt. Manche Gedanken und Texte mögen schwer zu verstehen sein und laden so ein, ein wenig mehr bei ihnen zu verweilen, andere mögen den Eindruck erwecken, als seien sie nichts für die normalen Menschen in der Welt. Das Problem wäre nicht neu. Es begleitet die orthodoxe Spiritualität seit Jahrhunderten. So soll denn das Schlusswort einem der orthodoxen Meister des spirituellen Weges gehören, der diesem Einwand begegnete und ihn zu entkräften suchte. Alle Beschäftigung mit orthodoxer Spiritualität ist so nämlich ein Gespräch mit den Texten, die seit der Frühzeit erwuchsen, um zu einem geistlichen Leben zu verhelfen. Wer heute lehrt, der weiß, dass er gemeinsam mit denen lehrt, die vor ihm lehrten.

„Suchen Sie Ihr Seelenheil! Friede sei mit Ihnen!" So ruft Theophan der Einsiedler einmal seinem offensichtlich intellektuellen Schüler zu. Aber dem schmecken schon die Aufsätze nicht recht, die ihm der Starez zusandte. „Alle von Ihnen übersandten Aufsätze enthalten fast ausschließlich mönchische Unterweisungen. Für Laien passen sie nicht." Vollkommen unbeeindruckt erwidert Theophan: „Wer so denkt, befindet sich im Irrtum. Ich glaube, dass jene Unterweisungen allen angemessen sind, die um ihr Seelenheil besorgt sind. Diese Besorgnis wird sie lehren, welchen Gebrauch sie von allem machen müssen, wie sie sogar geradezu mönchische Regeln für sich verwenden können. Wer aber diese Sorge nicht hat, für den ist jedes belehrende Wort vergeblich. Man sagt: Das Herz gibt dem Herzen Kunde. Wer diese Belehrungen erteilte, erteilte sie von ganzer Seele, so wie sie sich in seinem Herzen durch eigenes Denken und eigene Erfahrung gebildet haben. Das ist der Widerhall ihrer Herzensstimmung. Der allgemeine Geist aber, der sie begeisterte, war der Geist des Eifers für ihr Seelenheil und für das Seelenheil jedes Menschen.

Derselbe Geist spiegelt sich in jedem ihrer Worte wider und erfüllt jede ihrer Schriften. Wer für das eigene Seelenheil eifert, der wird durch den Buchstaben ihrer Belehrungen zu ihrem Geist durchdringen und infolge des ihn erfüllenden Eifers in ähnliche Seelenverfassung versetzt werden wie die Verfasser solcher Belehrungen, er wird den Stimmungen Sympathie entgegenbringen, welche deren Herzen erfüllten, von dort in ihre Schriften gelangten und fast deren gesamten Inhalt ausmachen. Die Stimmungen der um ihr Seelenheil Besorgten oder die Stimmungen, mit denen man auf dem Wege zum Heile unvermeidlich vertraut werden muss, sind bei allen gleich, ob einer Mönch ist oder nicht. Der Unterschied liegt nur in den äußeren Werken, in welchen diese Stimmungen sich bekunden. Darum bin ich der Ansicht, dass jede von einem Eremiten und für Eremiten geschaffene Unterweisung auch für jeden, der um sein Seelenheil besorgt ist, eine süße geistliche Speise ist. Er wird dort das finden, was ihm Not tut, und wird es seiner Lage anzupassen imstande sein, falls hier Vorschriften enthalten sein sollten, die mit seiner Lebensweise unverträglich sind."

Zum selben Thema bei Topos^plus erschienen

Johannes Oeldemann
Die Kirchen des christlichen Ostens
Orthodoxe, orientalische und
mit Rom unierte Ostkirchen

232 Seiten
ISBN 978-3-7867-8577-4
Topos plus Taschenbuch
Band 577